인천에
살기
위하여

인천에 살기 위하여

신현수 시집

도서출판 **다인아트**

머리말

자기 성찰을 넘어선 자책의 시인, 신현수

지용택 새얼문화재단 이사장

내가 신현수 선생의 시집 『인천에 살기 위하여』에 대해 글을 쓰는 것은 문학도, 시도 모르는 문외한이 엄청난 오류를 범하는 일이 될 것이란 사실을 잘 안다. 이 자리에서 내가 쓰는 글은 전문가나 평론가의 글이 아니라 평소 신현수 시인의 작품과 글을 좋아하고, 또 멀리서나마 시인이 아닌 지역의 시민운동을 차분하지만 새롭게 일으키고 있는 그 모습이 참답다고 여겨 동참한다는 뜻이다.

살아가면서 자기 성찰과 자책을 일관되게 실천으로 극복하고 모자라는 자기능력과 모순을 인정하면서도 그것을 버리지 않고 사랑하는 사람이 바로 신현수 시인이다.

"우리가 노력을 기울이기만 한다면 해결할 수 있는 약자와 빈자의 고통에 무관심하고, 착취 받고 괴롭힘을 당하는 존재들이 느끼는 고통에 관심을 갖지 않는다면, 그리고 최소한의 삶의 조건조차 보장받지 못하는 사람들의 고통 앞에서 주저한다면, 우리는 더는 좌파가 아니다."

- 피터 싱어

비 내리는 날
낡은 유모차에 젖은 종이박스 두어 장 싣고 가는
노파를 봐도
이제 더 이상 가슴이 아프지 않으므로
난 좌파가 아니다.
네온 불 휘황한 신촌
차가운 아스팔트 바닥 위
온 몸을 고무로 감고
사람의 숲을 뚫고 천천히 헤엄쳐가는
장애인을 봐도
이제 더 이상 가슴 저리지 않으므로
난 좌파가 아니다
천 일 가까이 한뎃잠을 자며
농성을 벌이고 있는
노동자들을 봐도
이제 그 이유조차 궁금하지 않으므로
난 좌파가 아니다
제초제를 마시고 죽은 농민을 봐도
몸에 불 질러 죽은 농민을 봐도
아무런 마음에 동요가 없으므로

안타까운 마음이 들지 않으므로
　　난 좌파가 아니다
　　난 좌파가 아니다

　　　　　　　　　　-「난 좌파가 아니다」 전문

　이 작품에서는 어려운 사람의 처지와 함께 못하는 아픔을 '좌파'라는 상징성을 빌려 시인의 자유와 평화 그리고 인도주의 정신을 자신의 무능과 무책임으로 자책하고 있다. 시인은 자신의 오늘을 생활과 일상 속에서 치열하게 성찰하고 있기 때문에 나는 그의 작품이 때로 노자(老子)의 '통나무'처럼 있는 그대로 좋다.

　노자는 자르기만 하고 아직 다듬지 아니한 통나무를 박(樸)이라고 하여 종종 비유로 사용하고 있는데, 이때의 통나무란 순박한 외모와 꾸미지 않아 거짓 없는 상태, 앞으로 무한의 내용과 진실의 힘이 내재되어 있는 존재를 뜻한다.

　　그리고 그때
　　20년 후 우리가 이런 모습으로 살아갈 줄 짐작이나 했을까?
　　'기득권에 집착하는 이익집단'으로 취급당할 줄 짐작이나 했을까?
　　참교육 마크 새겨진 가방을 메고 다니는 일이
　　마음 불편한 일이 될 줄 짐작이나 했을까?
　　머리 뒤꼭지 뜨거워질 줄 짐작이나 했을까?

- 「아아, 우리 아니라면 누가 다시 시작한단 말인가?
　　- 전교조 인천지부 창립 20주년에」 중에서

　반평생 스승과 교직원으로 열심히 노력하며 살아온 시인은 교원노조의 시발점에서의 열정과 오늘의 현실 속에서 사회의 싸늘한 상황을 한 점 거짓 없이 그대로 느끼면서 소리 없이 통곡하고 있다. 이처럼 불같은 열정과 자기 성찰을 통해 스스로를 되돌아보는 사람과 함께 산다는 것은 그래도 우리 사회가 아직은 희망이 있고, 살아 꿈틀댄다는 뜻이다.

　나는 여기에서 중국 고사 하나를 소개하고 싶다. 당 태종 이세민(李世民, 598~649, 재위 626~649?)하면 중국제황사의 걸출한 황제로 누구나 인정하는 인물이다. 어느 날 당 태종이 신하들과 함께 경서를 중심으로 강론하는 경연(經筵) 자리에서 벌어진 일이다. 모든 중신들이 황제 앞에서 '충신(忠臣)'을 강조하는 이론을 한참 펼치고 있는데, 위징(魏徵, 580~643)은 "저는 충신 노릇은 하고 싶은 생각이 없고, 양신(良臣)이 되고 싶습니다."라고 말했다.

　그 자리에 있다고 상상해보니 그 분위기가 어땠을지 생각만 해도 식은땀이 절로 날 지경이다. 높은 사람 앞에 서면 자기 소신보다는 윗사람 눈치 보기가 급급한 것이 민주주의 사회에서도 일상적인 상식인데, 하늘같은 황제 앞에서 감히 충신 되기를 거절하다니 자칫하면 목이 날아갈 판이다. 당연히 황제는 양신이 무엇이냐고 물었다.

위징은 "충신이란 대개 자기가 모신 주군도 죽고, 나라도 망하고, 그리하여 온 백성이 불행해지고, 자신은 물론 온가족도 죽음을 당하고 얻는 것은 훗날 역사기록에 충신이라는 이름만이 남는 것입니다. 그러나 양신은 평소에 자기가 모신 주군에게 바른 소리를 꾸준히 하여 나라를 바로 세우는 데 보탬이 되어 주군도 영광되고 나도 편하고, 내 가족도 잘 살고, 또한 백성도 어려움에 처하지 않도록 하는 것이 양신의 역할입니다."

경연장에 있던 중신들의 얼굴 하나하나를 마음속 영상으로 재현해가면서 그 표정을 바라보면 통쾌하면서도 무거운 절망감을 함께 느낀다. 평소 꾸준하게 나라와 사회와 내 고장에 대해 쓴 소리하는 시민이 많을 때 그 사회는 희망이 있는 것이다. 그리고 이것이 곧 그 시대의 양신이요, 우리의 양심이 된다. 당 태종이 고구려를 침공하여 처참하게 실패하고 돌아오면서 '위징이 살았다면 이 원정을 막았을 텐데'라면서 통탄했다는 사실이 『자치통감(資治通鑑)』에 기록되어 있다. 한 사람의 옳은 말이 얼마나 큰 결과를 가져오는지 역사에서 배울 수 있는 교훈인 동시에 그 말이 또한 힘이 있어야 한다는 사실도 잊어선 안 된다.

신현수 시인의 시 「인천에 살기 위하여」를 읽노라면 인천의 동네방네, 이 골목 저 골목을 돌아 청관, 부둣가, 박물관, 신포시장, 양키시장, 오성극장, 미림극장, 애관극장, 경동목욕탕, 신신예식장, 동인천역, 이 근래 인천 문화 지킴이들이 있는 배다리 사진관 등이 등장하는데, 그 먼 길을 따라 함께 걷는 것이 피곤하지만 정겹기 그지없다. 시인은 「인천에 살기 위하여」에서 이렇게 말한다.

> 이제 배다리는 더 이상 빈공간이 아닌데
> 빔은 비운다는 뜻이니
> 비움으로 채운다?
> 뭔가 심오한 역설이 있는 듯하고
> 비도 오는데 너무 한꺼번에 많은 곳을 다녔지만
> 알아야 사랑하는 거지,
> 계속 인천에 살기 위하여

인천을 사랑하고, 인천을 발전시키고, 인천을 지키겠다는 사람들이라면 삶의 구체적인 현장을 이처럼 자기 발로 밟고, 걷고, 뛰는 정열이 필요하다는 시인의 정신이 「인천에 살기 위하여」라는 작품으로 승화한 것이리라.

시인으로, 교육자로, 그리고 인천의 시민운동가로 신현수 선생은 필요한 곳이라면 어디에서나 정열적으로 헌신하고 있다. 내 앞에 이미 잘 닦여진 편한 길이 있다면 그건 나의 길이 아니라 누군가 다른 사람이 앞서 걸어간 길이다. 신현수 선생은 자기 앞에 놓인 편한 길 대신 처음 가는 길을 택해 걸어간 사람이다. 우리는 이런 사람들 덕분에 좀 더 편한 길을 갈 수 있게 되었음을 잊지 말아야 할 것이다. 그가 새롭게 이끌고 있는 '인천 사람과 문화'가 앞으로 더욱 크게 발전하기를 바란다.

차 례

머리말
05 _ 자기 성찰을 넘어선 자책의 시인, 신현수

1부 밥벌이의 지겹지 않음

19 _ 봄바람이 달려와 내 눈물을 말려 주니
21 _ 이까짓 선생도 이렇게 해볼 만한데
23 _ 벌초
24 _ 겸손해져야겠다. 2
26 _ 밥벌이의 지겹지 않음
28 _ 왼눈 잡이
30 _ 사랑은 얼마나 견디는가
31 _ 함께하지 않는 사랑을 기다리는 것은 아프다
　　　— '훈데르트 바서'에게
32 _ 애비 걱정할까봐 말 안했다
　　　— 어머니. 1
33 _ 옥수수
　　　— 어머니. 2
34 _ 동두천에서
36 _ 전등사에서
38 _ 희미한 옛 세월의 그림자. 5
39 _ 희미한 옛 세월의 그림자. 6

42 _ 시간에 대하여

43 _ '가을엔 편지를 하겠어요'

44 _ 마늘을 까면서

46 _ 늙어간다는 것. 1

48 _ 늙어간다는 것. 2

50 _ 늙어간다는 것. 3

51 _ 그리고 고맙다 나머지 내 몸뚱이여

53 _ 항암일기. 1
　　　― 나는야 페미니스트. 8

54 _ 항암일기. 2
　　　― 아, 4월인데

56 _ 항암일기. 3
　　　― 몸이 아프지 않았다면

57 _ 항암일기. 4
　　　― 암환우를 위한 노래

60 _ 붕어빵
　　　― 범기 형에게

2부 인천에 살기 위하여

63 _ 인천에 살기 위하여
63 _ 2부
65 _ 투명인간을 꿈꾸다
66 _ 서영남 수사님의 법어
67 _ 지용택 이사장님의 법어
68 _ 조봉암전
71 _ 팔공오칠
73 _ 희미한 옛 세월의 그림자. 7
76 _ 희미한 옛 세월의 그림자. 8
　　　― 신촌성결교회
77 _ 인천에 살기 위하여

3부 너를 지킬 수 있을까

83 _ 너를 지킬 수 있을까
83 _ 3부
85 _ 세타베 군, 따루시카 디브안자리 양
87 _ 용산에 갔다
88 _ 오늘 구럼비 바위가 폭파되어 버린 날
89 _ 너를 지킬 수 있을까
92 _ 나는 걸었네
93 _ 살아간다는 것은 먼저 간 이들을
　　　추모하는 일이 아닐까
95 _ 다시 쓰는 교육일기
　　　— 윤영규 선생님께
100 _ 다시, 참교육의 함성으로
102 _ 아아, 우리 아니라면 누가 다시
　　　 시작한다는 말인가?
　　　　 — 전교조 인천지부 창립 20주년에
107 _ 시여! 침을 뱉어라

4부 여행 시편

111 _ 울릉도는 외출 중
112 _ 대천 해수욕장에서
113 _ 태백산에서
115 _ 남이섬에서 혼자 낮술을 마셨다.
117 _ 바스의 노래
120 _ 윈난 시편
136 _ 귀주 시편
152 _ 미국서부 시편
156 _ 서유럽 시편
170 _ 대마도 시편

해설
171 _ 미시 · 거시담론을 함께 호흡하는 횡단의 일상성

후기
185 _ 계속, 인천에 살기 위하여

1부

밥벌이의 지겹지 않음

봄바람이 달려와 내 눈물을 말려 주니

점심시간에
밥 빨리 먹으라고 성화를 부린 후
아이들 몇 명을 데리고 학교 앞 야산에 오른다.
핑계는 등산하면서 상담하기지만
실은 내가 더 가고 싶었다.
아이들은 계단 몇 개밖에 안 올랐으면서
힘들다고, 너무 가파르다고, 목마르다고
지랄발광을 하지만
말만 그렇게 하고는
나를 떼어놓고
지들끼리만
저만치 앞서서 뛰어 올라간다.
등산로 옆 개나리는 아이들과 함께 떠들고
솔 숲 사이 진달래는
뭐가 부끄러운지
몰래 숨어 있다.
산꼭대기 전봇대 밑에서 잠시 숨을 고른 후
가위 바위 보를 해서
진 사람이 노래를 하기로 했다.
가위 바위 보에서 진 놈이 뜬금없이
10월의 어느 멋진 날에,를 멋지게 부른다, 4월인데.
뜬금없이 눈물이 찔끔 흐른다.

아이들에게 그런 노래를 가르쳐 준 중학교 음악선생이
고맙다.
봄바람이 달려와 내 눈물을 말려 주니
조금, 행복하다.

이까짓 선생도 이렇게 해볼 만한데

나는 내 멋대로 한다.
아이들의 사소한 잘못
예를 들면 수업시간에 잠깐 졸았다든지
잠시 옆 친구와 얘기를 나누었다든지 하는 놈들을
앞으로 불러낼 수도 있고
그냥 웃고 넘어갈 수도 있다.
불러내 벌을 줄 수도 있고
그냥 말로 끝낼 수도 있다.
벌을 주기 시작하면
그 놈의 운명은 온전히 내게 달렸다.
나는 그 놈에게 엎드려뻗쳐를 시킬 수도 있고
일어났다 앉았다를 시킬 수도 있다.
백 번을 시킬 수도 있고
이백 번을 시킬 수도 있다.
오리걸음을 시킬 수도 있다.
푸쉬업을 시킬 수도 있다.
더 열 받으면
회초리로 엉덩이를 때릴 수도 있다.
내 멋대로 그냥 기분 따라
벌을 줄 수 있다.
내 앞에 끌려온 놈은 완전 독안에 든 쥐다.
모든 게 내 마음대로다.

모든 게 내 멋대로다.
그때그때 다 다르다.
아 나는 내 멋대로 할 수 있다.
야자시간에 문자를 보내다 걸리면
전화기를 안 빼앗을 수도 있고
빼앗을 수도 있다.
전화기를 빼앗은 후
일주일 있다 줄 수도 있고
한 달 있다 줄 수도 있다.
나는 그 누구의 방해도 받지 않고
내 멋대로 할 수 있다
뜬금없이 드는 생각,
이까짓 선생도 이렇게 해볼 만한데

벌초

콘크리트 아파트에서 키우는 화분에는
열심히 물을 주면서
조상들 누워 계신 산에
벌초 하러 와서는
샅샅이 풀을 뽑는다.
원래 꽃과 나무가 살 곳이 아닌 곳에
억지로 데려다 놓고서는
살리려고 애쓰면서
(단지 내 눈에 보기 좋으라고)
원래 자기들 집이었던 곳에
잘 살고 있는 산 위의 나무와 풀들은
죽이려고 애쓴다.
(단지 내 눈에 보기 싫으니까)
삼십 년 가까이 해 온 내 선생질 닮았다.
그런 나를 비웃는 듯
잠자리 한 마리
내 머리 꼭대기에 날아와 앉았다.

겸손해져야겠다. 2

칠판에 글씨를 몇 자 쓰고
아이들 앞으로 돌아서는데
갑자기 현기증이 난다.
이건 또 뭐지?
모임에 가 앉아 있는데
눈이 계속 무겁고
이마에 열이 나고
약간씩 어지럽다.
드디어 올 것이 왔나보다.
올 봄 무리했다.
일박 이일 동안 울릉도에 독도까지 다녀왔고
학교를 옮겼고
오랜만에 담임을 맡았고
보충에 야자에
온갖 모임의 환영회에 참석했다.
사단법인 인천사람과문화 창립을 해야 했고
공부모임에 뒤풀이까지 빠지지 않았다.
장인 성묘 다녀오느라
쉬지 않고 운전을 해야 했고
아, 글을 네 개나 써야 했다.
울릉도 다녀온 여행기와 사진을 신문사에 보내야 했고
윤영규 선생님 6주기 추모식에서 낭독할 시를 써야했고

'장성, 중국사를 말하다' 독후감을 보내야 했고
윈난 다녀온 여행기를 시로 정리해
국제민주연대에 보내야 했다.
드디어 올 것이 왔나보다.
예감이 이상해 보건실에 가서 혈압을 재니
처음 보는 수치
아버지, 작은 아버지, 고모님이 똑같이 돌아가셨다.
누님도 쓰러졌던 적 있다.
아버지가 돌아가셨던 그 어름의 내 나이
새싹이 움트는 푸른 봄
처음으로 죽음을 생각했던 봄
겸손해져야겠다.

밥벌이의 지겹지 않음

예전엔 아이들과 씨름하고
종일 수업 하는 게 힘들어
딱 며칠만 쉬면 좋겠다고
생각한 적 많았지만
나이 든 지금은
몸이 아무리 힘들어도 그런 생각하지 않는다
정말 당장 내일부터 학교에 나올 수 없다면
그래서 밥벌이를 할 수 없게 된다면
먹고 살 수도 없고
자식들을 가르칠 수도 없고
후배들에게 술을 살 수도 없고
스리랑카의 따루시카디브안자리에게
안정된 급식과 학업에 필요한 학용품
일상생활에 필요한 옷을 사줄 수 없고
부모님 돌아가실 때 손잡아 주는 친구
상조회에 회비를 낼 수 없고
매일 아침 쿠퍼스를 날라다주는
야쿠르트 아줌마를 만날 수 없고
내가 속한 온갖 단체의 회비를 낼 수 없고
시민단체에 후원금을 보낼 수 없고
뭐가 보장되는지도 잘 모르지만
보험금을 낼 수 없다

정말 당장 내일부터 학교에 나올 수 없다면
아무리 곰곰 생각해도
내가 할 수 있는 다른 게 없다
나이 든다는 것은
밥벌이의 엄정함을 깨닫는 것
아이들과 씨름하는 것은 자아실현이 아니라
실은 밥벌이였다는 걸 깨달으니
이제 대체로 모든 게 견딜만하다
전날 술을 아무리 많이 먹어도
다음날 일찍 벌떡벌떡 일어나야 하는 내가
하나도 가엾지 않다
나이 든다는 것은
내 삶이 더 이상 의미 없어도 좋다고 생각하는 것
나이 든다는 것은
세상에 져도 좋다고 생각하는 것
아 나이 든다는 것은
밥벌이가 하나도 지겹지 않은 것

왼눈 잡이

사진을 가르치는 영경 선생과
사진을 배우는 순형 형과 나
남자 셋이서
망우리 공원묘지로 사진을 찍으러 갔는데,
지금 그 사람 이름은 잊었지만
그 눈동자 입술은 내 가슴에 있네
박인환 시인을 만나고 나서,
(눈동자와 입술이 가슴 속에 남아 있는 그 사람의
이름을 어떻게 잊을 수 있지?)
낙엽 따라 가버린 사람
차중락도 만나고 나서,
적십자 병원에서 홀로 죽어간
이중섭도 보고 나서,
막걸리를 한 잔 마시면서
산상 사진 강의를 듣는데,
모두 그런 건 아니지만,
사진 찍을 때 대체로 왼손잡이는 왼쪽 눈을,
오른손잡이는 오른쪽 눈을 뜨고 찍는단다.
두 눈을 모두 뜨고 봐도
사실은 한쪽 눈으로만 보는 거란다.
가져 간 주간지로 원통을 만든 후
원통으로 나무를 쳐다봤는데,

처음에는 두 눈을 뜨고 보고,
다음에는 한 눈만 뜨고 보니
놀랍게도 그 말은 사실이었다.
아니 '왼눈 잡이, 오른눈 잡이'라는 말이 있었단 말이야?
또, 나만 몰랐단 말이야?

사랑은 얼마나 견디는가

새벽 비 내리는 오거리의
이별을 견디는
뺨을 스치는
바뀌는 계절의 바람을 견디는
한꺼번에 후드득
가슴 위로 떨어지는
은행잎을 견디는
끝내 꿈일 수밖에 없는
꿈을 꾸는
도저히 참을 수 없는
슬픔을 참는
숨도 쉴 수 없는 가슴을
지그시 누르는
시도 때도 없이 나오는 한숨을
틀어막는
결코 가닿을 수 없는
하늘을 향해 나아가는
아무리 멀어도 가는
희망 하나 없어도 가는
견뎌야할 이유가
만 가지도 넘는
사랑

함께하지 않는 사랑을 기다리는 것은 아프다
— '훈데르트 바서'에게

평화롭고 풍요로운 곳에 흐르는
백 개의 강에
함께 하는 사랑이 없다면
무슨 소용이 있을까?
시작과 끝이 정해져 있지 않고
끝없이 돌고 있는 나선 위에
함께 하는 사랑이 없다면
얼마나 견디기 힘든 고통일까?
자연에는 직선이 없으며
건축은 네모이고
신은 직선을 만들지 않았지만
함께 하는 사랑이 없다면
세모고 네모고 뭐가 다른 게 있을까?
당신이 꿈꿨던 보다 나은 세상에
함께 하는 사랑이 없다면
보다 나은 세상이 무슨 의미가 있을까?
당신은 함께하지 않는 사랑을 기다리는 것이
그냥 아픈 정도인가?

애비 걱정할까봐 말 안했다
— 어머니. 1

살아오면서
어머니에게 가장 많이 들었던 말,
애비 걱정할까 봐 말 안했다.

옥수수
— 어머니. 2

구십 가까운 어머니가
오십 중반의 아들에게
옥수수를 내왔는데
오십 중반의 아들
편하게 먹으라고
일일이 옥수수 알을 하나씩 하나씩 떼어 놓는다.

동두천에서

영화 보고, 밥 먹고
목욕 하는 일 외에
군인이 된 작은아들과 동두천에서,
무엇을 더 할 수 있단 말인가?
목욕탕 밖으로 나오니
날은 이미 어두워지고
하루 중 어둠이 적군처럼 몰려오는
이 시간이 가장 불편하다.
뜀틀 못 넘는다고 아침에 일어나 울었던 아이가
자기 반 남자 중에서 자기만 못 넘는다고 울었던 아이가
먹기 싫은 오곡밥을 억지로 다 먹고
새벽에 토했던 아이가
어떻게 나라를 지키나
아이에서 갑자기 어른이 된
아들을 부대에 데려다 주고 나오는데
진눈깨비 비슷한 눈발이 날린다.
눈발은 다시 빗발로 바뀌고
비인지 눈인지
앞은 어둡고
앞이 어두운 만큼
내 마음도 어둡고,
내 마음이 어두운 만큼

비인지 눈인지 모를 것들이
내 마음 속에도 함께 내린다.
양주에서 백석으로
백석에서 장흥으로
장흥에서 송추로
칠흑 같은 어둠을 더듬어 넘는 고개를
몇 번쯤 더 와야
아들은 돌아올까?

전등사에서

1. 새벽 예불

난생 처음 부처님께 절을 했다.
새벽 네 시 전등사 대웅전에서
난생 처음 부처님께 무릎을 꿇었다.
새벽 네 시
수천 년도 넘은 전등사 대웅전에서
언젠가 내가 당신께 엎드려 무릎 꿇고 절 하리라는 걸
부처님은 미리 알고 계셨을까?
내 삶 어느 굽이의 어떤 인연이
이 새벽 나를 이곳 전등사 대웅전으로 데려왔을까?
난생 처음 부처님께 절을 했다.

2. 새벽 공양

내가 평생 버린 음식은
얼마나 될까?
만일 쌓아놓는다면
전등사 대웅전 뒷산만하지 않을까?
내가 음식을 버리지 않았다면
얼마나 많은 사람을 살렸을까?
내가 버린 음식 때문에 얼마나
많은 사람이 죽어갔을까?
음식도 음식으로 변하기 전에는
모두 생명이었는데,
나를 살리기 위해 그들은 생명을 버렸는데,
나는 먹지도 못할 걸 욕심껏 그릇에 퍼 담고
그걸 고스란히 다시 버리고 살았다.
절대로 난,
아미타부처님을 만나지 못 한다.

희미한 옛 세월의 그림자. 5

기타를 들고 갔었던 집
마당에 사루비아 꽃이 피어 있던
골목 끝 왼쪽 나무대문 집
평생 마음 한 구석에 남아 있었던 집
눈을 감아도 어두워지지 않았던 집
기타 치며 노래 불렀던 집
마당 사루비아가 나를 쳐다보았던 집
제인 에어, 폭풍의 언덕,
누구를 위하여 종은 울리나
이야기 나누었던 집
추억은 이토록 힘이 센,
집

희미한 옛 세월의 그림자. 6

비가 내린다
운동장 축구 골대 위로
농구대 골 주머니 위로
막 움트기 시작한
노천교실 등나무 새싹 위로
비가 내린다
아이들은 낑낑거리며
중간고사 수학문제를 풀고 있고
나는 팔짱을 끼고 교실 앞뒤를 왔다 갔다 하면서
아이들을 감시하고 있다.
아이들도 나처럼 수학이 어려울까?
내가 예비고사에서 과학이나 수학시험을 잘 봤다면
내 인생은 달라졌을까?
생각해보니
내가 아이들을 감시하고 있는 이 교실은
내가 무엇이 될지 몰랐던 시절,
고등학교 1학년 때,
안경을 처음 맞춰 쓰고 올라와 앉았던,
그래서 세상이 다시 보였던,
나무가 한 그루도 없었던,
빡빡산 바로 그 자리.
해직교사 시절

등교하는 아이들을 보며
내가 저 학교의 선생이라면
얼마나 좋을까?
집에서 10분도 안 되는 가까운 거리에 있는
저 학교의 선생이라면
난 얼마나 행복할까?
언제 복직될지 몰랐던 시절,
설령 복직된다 하여도
언제 다시 충남에서 인천으로 올라올지 몰랐던 시절
그토록 열망하던 바로 그 학교의
선생이 되어
꿈처럼
그토록 오고 싶었던 학교의
선생이 되어
수학 시험 감독을 하고 있다.
고등학교 1학년 때
뭐가 될지 몰랐던 시절에 피었던
개나리 진달래가
내가 지금 바라보고 있는 저 산의
바로 그 개나리 진달래일까?
진달래는 비를 맞아 후드득 떨어지고
철쭉이 하나둘 고개를 내밀고 있는 선포산

열일곱 살 소년이 앉았던 그 자리,
오십도 훨씬 넘은 장년이 되어
다시 돌아온 그 자리.
비가 내린다
수학문제를 푸는
열일곱 살 아이들은
달려가는 시계바늘을 연신 들여다보며
한숨을 쉬고 있고
아이들을 감시하는
오십이 넘은 나는
좀처럼 가지 않는 손목시계 바늘만
자꾸 들여다보고 있다.

시간에 대하여

대장 내시경검사를 위해
500㎖통에 물을 가득 붓고
관장약 한포를 타서 들이킨 후
한 이십 여분 쉬었다가
다시 반복하기를 여덟 번
8포, 4리터를 마시는데,
다음 약을 먹기 위해
기다리는 그 이십여 분이
세상에서 가장 **빠른** 시간이고

중간고사 시험감독 들어가
숫자를 세어도
교실을 돌아다녀도
창밖을 쳐다보아도
온갖 공상을 해도
도대체 가지 않는
아이들을 감시하는 그 오십여 분이
세상에서 가장 느린 시간이다

'가을엔 편지를 하겠어요'

새벽 가까운 귀가 시간
딱 감상에 젖기 좋을 정도로 마신 술
열어 놓은 택시 창으로 쳐들어온 바람이
택시 뒷자리에 기대고 앉은 내 얼굴을
사정없이 때리는데
라디오에서 들려오는 노래
'가을엔 편지를 하겠어요'
최양숙의 소프라노에 가까운
'누구라도 그대가 되어'
아 나도 한때 젊었던 시절
저 노래를 듣고 눈물 흘린 적 있었지
'받아주세요'
내 삶도 이제 가을인가
'낙엽이 쌓이는 날'
아니 이미 겨울인가
'모르는 여자가 아름다워요'
정신 차리라고
바람이 사정없이 얼굴을 때리는데
눈물이 나는 건지 안 나는 건지

마늘을 까면서

오랜만에 마늘을 까는데
마늘 한 통은 괜찮더니
마늘 두 통째부터
상처 난 왼손 검지가 너무 아리고
열이 확확 난다
마늘 세 통째부터는
허리도 아프고
쭈그리고 앉은 다리에
피도 안 통하는 것 같다
마늘 다섯 통째부터는
그냥 까놓은 마늘 사서 쓰지 하는 생각에
슬슬 짜증이 난다
까놓은 마늘이라니
아 나는 마늘 까는 사람은
따로 있다고
생각하고 있구나
지금 마늘을 까는 내 시간이 아깝다고
생각하고 있구나
나는 마늘이나 까는 사람이 아니라고
생각하고 있구나
내 시간은 마늘 따위 까는
하찮은데 쓰여서는 안 된다고

생각하고 있구나
손가락 조금 아리다고

늙어간다는 것. 1

나는 보았네
어느 추운 겨울 날
지팡이에 의지해
힘겹게 걸음을 옮기고 있는
그 분의 모습을

나는 보았네
알아볼 수 없을 정도로
옛 얼굴은 하나도 남아있지 않고
주름살만 얼굴 가득한
그분의 모습을

내 학창시절
공부를 잘 가르친다고,
실력이 아주 좋다고 소문났던 분
난 알아들을 수 없었지만
양복 앞자락에 분필가루 묻혀가며
노랑, 빨강, 파랑 분필로
현란한 공식을
칠판 가득 써 놓았던 분
후에 어느 중학교의 교장이 되어
많은 선생들 위에 군림하며

학교를 호령했던 분

그랬던 분이
어느 추운 겨울 날
몸을 지팡이에 싣고
쓰러질 듯 위태스럽게
걸어가고 있었네

그분은 나를 전혀 기억하지 못할 것이므로
나는 당연히 아는 척을 하지 않았네
몇 십 년 후
만일 내가 이 세상에 살아 있다면
내가 기억하지 못하는
이 세상의 내가 가르친 수많은 제자들이
아마도 내 옆을 모른 척하며 지나갈 것을 생각하니
마음이 몹시 시렸네

늙어간다는 것. 2

20년도 넘게 키워오던 화분을
아파트 앞 화단에 버렸네
잎이 하나 둘 떨어지고
그나마 간신히 붙어있던 잎들도
노랗게 병들어가는 나무를
더 볼 수 없어
정들었지만 쏟아버렸네
그 나무를 경비아저씨가 화단에 심었네
나뭇잎은 하나도 남김없이
떨어져버렸네
그러던 어느 날
난 깜짝 놀랐네
가지에 여린 잎이 돋아났네
20여 년 자기 집이 아닌 곳에서
비명과 신음을 지르고
한숨과 한탄을 하다가
이제 비로소 자기 집을 찾아
완벽하게 자기를 버린 후
나무는 다시 살아났네
나도 모르게 눈물이 났네
미안하고 고마워서
눈물이 났네

내가 나무를 보고 눈물이 나다니
난 깜짝 놀랐네

늙어간다는 것. 3

종로3가에서 전철을 탈 때까지만 해도
서울역에 내려
삼화고속 타고 집에 갈 생각이었네
그러니 인천행인지 수원행인지
따질 필요는 없었네
빈자리가 생겨
이게 웬 떡이냐, 잽싸게 앉는 순간
인천행인지 수원행인지
따져야 한다는 걸
까맣게 잊어버렸네
신문에 난 개고기 기사를 보면서
개고기를 계속 먹을까
이제 그만 먹을까 고민하는데
갑자기 낯선 역 이름이 흘러나왔네
가산디지털단지
벌떡 일어나 다시 구로로 되돌아오면서
자존심이 상했네
아니,
어디로 가는지도 모르면서
편하게 앉아만 가려는 내 욕심이
더 부끄러웠네

그리고 고맙다 나머지 내 몸뚱이여

아무런 근거도 없이
나만은 괜찮을 거라는
막연한 희망은 도대체 어디서 오는 것인지

아무런 근거도 없이
내 대장만은 깨끗할 거라는
참으로 헛된 희망은 무엇에서 비롯하는 것인지

내 몸뚱이에 대해
내가 지난 오십여 년 이상 저지른 짓을 생각하면
내가 품었던 말도 안 되는 희망은
희망이 아니라 망상에 불과한데

내가 평생 내 위에 쏟아 부었던 술
내가 평생 내 폐에 불어넣었던 담배연기
내 대장을 통과했던 기름진
돼지고기, 소고기, 닭고기, 개고기, 오리고기, 양고기, 말고기,
심지어 토끼고기까지
내가 지난 오십여 년 이상 몸뚱이 속으로 밀어 넣었던
온갖 고기들을 생각하면
내 대장만은 괜찮을 거라는 생각은

거의 미친 생각인데

대장의 용종이여 미안하다
높은 감마지티피 간 수치여 미안하다
높은 혈압이여 미안하다
위의 염증이여 미안하다
외치핵이여 미안하다
허파의 상처여 미안하다
약간의 난청 증세를 보이는 귀여 미안하다
그리고 고맙다 나머지 내 몸뚱이여

항암일기. 1
― 나는야 페미니스트. 8

오늘 아침,
30년 만에 처음으로
아내가 나보다
늦게 일어났다.
아내가 3차
항암치료를 받고 온
다음날이었다.
아내는 그동안
일만 구백 사십구 일을
나보다 먼저 일어나
아침밥을 지은 것이었다.

항암일기. 2
— 아, 4월인데

혁소아우가 보내준 시집
'아내의 수사법'을
아내가 누워 있는
병원 침대 옆에서 읽는다.
겨울을 살아낸 나무들이
새순을 틔워낸 것을 보면서
나무들이 길을 잃지 않으려고
가지 끝마다 연둣빛 등불을 하나씩 단 것 같다고
혁소 아내가 말했다는데,
그럼 나는 거꾸로
남편의 수사법으로 한 번 말해볼까?
나와 지난 30여년을 살아 낸 아내가
스님보다 더 푸르게 머리를 박박 깎고
누워 있는 것을 보면
지난 30년 동안 나는 거미 새끼처럼
아내의 살을 파먹고 살아온 것 같다.
병실 창문 밖으로 내다보이는 산에는
4월인데,
연둣빛 새순도 보이지 않고
4월인데,
개나리 진달래도 보이고 않고
윙윙, 바람 소리만 병실 창문을 뒤흔든다.

시집을 다 읽고
집으로 돌아가기 위해
아내를 홀로 병실에 두고
병원 언덕을 내려온다.
4월인데,
얼굴 아프게 차가운 바람은
병원 언덕을
윙윙, 소리를 내며 쳐들어온다.
4월인데,
아직도 벗지 못한 겨울 검정코트 깃을
목까지 바짝 추켜올린다.
건널목에 서니
학교 앞 철교 위로
덜커덩 덜커덩, 기차가 지나간다.
기차 지나가는 소리가
저렇게 슬픈 소리였었나?
건널목에 서서
덜커덩 덜커덩, 기차소리를
몇 번이나 더 들어야
아내의 병은 나을까?
아, 4월인데

항암일기. 3
— 몸이 아프지 않았다면

몸이 아프지 않았다면 느끼지 못했을
얼굴을 간질이는 소슬한 바람과
절로 웃음 짓게 하는 따뜻한 햇볕들,
몸이 아프지 않았다면
이승에서 절대 만나지 못했을
박 선생, 백 선생 같은 인연들,
"시련이 없다면 깨달음이 없다.
나의 진짜 스승은 고통이다.
고통은 고통이 아니라
깨달음을 주기 위한 신의 선물이다.
가족은 내가 전생에 진 빚을 받으러 온 인연이다.
아프다는 것은 지금까지의 삶을 근본적으로 바꾸라는
의미다.
우리 삶에 겨울이 없다면
봄은 그다지 즐겁지 않을 것이다.
누구나 커다란 시련을 당하기 전에는
진정으로 참다운 인간이 못된다.
그 시련이야말로, 자기가 존재하는 것을 인식하고,
동시에 자신의 위치를 결정하고 규정하는 계기가 된다."
몸이 아프지 않았다면
여전히 눈에도 들어오지 않았을
말들, 말들

항암일기. 4
― 암환우를 위한 노래

오늘 아침 내 몸에도 암세포가 생겨났어요.
오늘 아침 생긴 암세포를
다행히 내 면역력이 물리쳤어요.
암세포는 우리 몸에서 매일 매일 생겨요.
암이 발병하면
현대 의료가 할 수 있는 일은
단순히 암 세포를 없애는 수준입니다.
암세포를 없애는 방법은 세 가지가 있어요.
수술과
항암주사와
방사선이 있어요.
암세포를 자르거나,
암세포를 약물로 공격하거나,
암세포를 태우는 거예요.
수술은 암세포만 골라 제거하는 것이고
항암주사와 방사선은 암세포를 공격해서 죽이는 건데
문제는 암세포 주변의 건강한 세포까지
무차별적으로 공격을 하게 된다는 거예요.
암세포가 우리 몸에서 다시 발견됐을 때
우리 몸에 그놈과 싸워야 할 건강한 세포가
이미 남아 있지 않다면
싸울 수가 없어요.

그래서 아무 때고 재발을 해요.
결국 암 치료는
스스로 이겨낼 수밖에 없고
그 방법은 결국 면역력을 어떻게 강화하느냐
바로 이것이랍니다.
병은 의사가 고치는 것이 아니라
내 몸이 고치는 겁니다.
암이란 놈은 특히 그렇답니다.
답이 있을까요?
답은 있습니다.
바꿔야 해요.
그동안 살아왔던 삶의 방식에서
벗어나야 해요.
바쁜 일 잠시 거두고
쉬었다 가세요.
깨끗한 공기를 마시고,
깨끗한 물을 먹고,
자연식을 하고,
마음을 늘 편하게 긍정적으로
가지면 돼요.
바꿔야 살아요.
명심하세요.

벌써 이천 사백 년 전에
히포크라테스가 말했어요.
병은 의사가 고치는 것이 아니라
내가 고치는 거라고.

붕어빵
— 범기 형에게

날이 갑자기 영하로 떨어진
추운 겨울날
천 원에 네 개짜리 붕어빵 파는
1톤 트럭 앞을 지나다가
문득 형 생각이 났네

이승에서의 형과의 마지막 추억, 붕어빵
형 살아 있을 때
형에게 건네줬던
천 원에 네 개짜리 붕어빵

형 서둘러 간지
겨우 일 년밖에 안 됐는데
마치 형은 이 세상에 없었던 사람인 것처럼
세상은 바쁘게 종종걸음으로 달려가네

이다음에
우리가 육십이 넘고, 칠십이 넘고
혹시라도 팔십이 넘으면
그때 할 말을 만들기 위해선
추억을 만들어야 한다고
대천도 놀러가고

그때 심심하지 않기 위해선
추억을 만들어야 한다고
설악산도 놀러갔는데
남은 사람들 확실한 추억을 만들어주기 위해
남은 사람들 죽을 때까지 할 얘기 만들어 주기 위해
남은 사람들 절대 헤어지지 말라고
그렇게 서둘러 형 홀로
먼저 저승으로 놀러갔나?

날이 갑자기 영하로 떨어진
추운 겨울날
천 원에 네 개짜리 붕어빵 파는
1톤 트럭 앞을 지나다가
형 생각이 나서 산 붕어빵
이제 나 혼자 다 먹어야겠네
목메어도 다 먹어야겠네

2부

인천에 살기 위하여

투명인간을 꿈꾸다

재상이가 연출로 있는 극단 미르의 연극
'투명인간을 꿈꾸다'를 보러가기 위해
전철을 탔는데,
반대편 칸 문이 열리더니
피부빛깔과 생김새가 우리와 약간 다른 청년이
아주 작은 소리로
아주 서툰 우리말로
조금만 도와주세요,
조금만 도와주세요,
구걸을 하고 있다.
한쪽 손에 작은 바구니를 들고
한쪽 손은 잘린 채로.
아시아 어느 나라쯤에서 왔을까?
무슨 꿈을 품고 '약속의 땅', 코리아에 왔다가
손을 잘리고
전철 안에서 구걸을 하고 있을까?
천 원짜리가 없어서 청년을 외면했던 날
주머니에 만 원짜리밖에 없어서 돌아섰던 날
'투명인간을 꿈꾸다'를 보러 가다가
내가 투명인간이 되고 싶었던 날

서영남 수사님의 법어

민들레국수집 서영남 수사님과 함께
인천의제 21 10주년 기념행사 마치고
인천시민운동지원기금 시상식 참석하러
시청에서 토지공사로
종종걸음으로 자리를 옮기던
어느 겨울밤
시티은행 앞 건널목 푸른 신호등이
꺼질 듯 말듯 깜빡여
'수사님, 뛸까요?' 여쭸더니,
수사님이 내게 내리신 법어
'우리가 너무 빨리 온 거지요'

지용택 이사장님의 법어

신 선생,
지난 번 장사익 국악콘서트 때 자리 없어서 돌아갔다면서?
부인까지 함께 왔었다며?
미안하네.
더 넓은 장소를 빌렸어야 했는데,
행사에 손님이 그렇게 많은 때
내가 어떻게 하는지 아는가?
내가 자리에 앉지 않는 거네.
그날도 나는 장사익 공연
꼬박 서서 봤네.
내가 자리에 앉아 있으면
서 있는 사람뿐만 아니라
이미 앉은 사람도 불만이네
'내가 겨우 셋째 줄에 앉을 사람이야?'
하고 말일세.
새얼아침대화 때
좌석을 지정하지 않는 것도
내가 자리에 앉지 않는 것도
그 때문일세.
자네도 명심하게
자네가 자리에 앉지 않는 것.

조봉암전

그는 일제강점 직전 강화도 농가에서 태어났네.
정규학력은 보통학교 졸업이 전부였네.
군청 사환, 임시 고원, 대서소 보조원 등으로 일했으나
마음을 사로잡는 화술, 뛰어난 강연술,
그리고 탁월한 사회 기술 등을 갖추면서
비범한 인물로 성장했네.
고학으로 일본의 세이소쿠영어학교와
모스크바의 동방노력자공산대학에서 공부했네.
강화도의 3.1만세운동에 참여하여
서대문형무소에서 옥살이를 했고,
공산주의가 조국 독립의 최선의 길이라고 판단해
조선공산당 창당의 주역이 됐으며,
상하이 망명 투쟁 중 체포당해
7년간 신의주형무소에 수감되었네.
8.15광복 후 우익으로 전향했으며,
인천에서 제헌국회의원으로 당선 된 후
초대 농림부 장관으로서 농지개혁을 입안했네.
그 후 국회의원과 국회부의장을 지내고
대통령선거에서 두 번이나 차점 낙선했네.
　그러나 조국 독립을 위한 최선의 방편으로 선택했던
공산주의가
　전향한 뒤에도 원죄처럼 그를 따라다녔고,

이승만 정권의 북진통일 정책에 맞서
평화통일을 주장한 것이 빌미가 되어
국가변란과 간첩죄의 누명을 쓰고
억울하게 1959년 사법살인 당했다가,
무려 60여 년만인 지난 2011년 1월 20일
대법원에서 재판관 전원일치로 무죄선고를 받았네.
그는 제3의 길을 모색한 '사민주의자',
'이성적인 타협주의자',
'양심적 개혁정치인'이었고,
그가 내걸었던 주장은
책임정치,
경제민주화,
평화통일이었네.
그러나 그는 주장을 내세우면서도
끝까지 화합하고 양보하며 선의의 정책대결을 원했네.
그는 이상적인 정반합론의 실천자였으며
어찌 보면 지독한 현실주의자였네.
그가 남긴 글이나 유언을 보면
그가 사법살인 당했다는 것이
전혀 믿어지지 않을 정도로
지극히 상식적이었네.
그는 진보당 창당대회에서

'인간의 존엄성을 무시하는 일을 없애고,
모든 사람의 자유가 완전히 보장되고,
모든 사람이 착취당하는 것이 없이,
응분의 노력과 사회적 보장에 의해서,
다 같이 평화롭고 행복스럽게 잘살 수 있는 세상'이
자신이 바라는 세상이라고 말했네.
이런 이를 간첩으로 몰아 사형시킨 나라가
우리나라였네.
그는 옥중 유언에서
'우리가 못한 일을
우리가 알지 못하는 후배들이
해나갈 것이네.
결국 어느 땐가 평화통일의 날이 올 것이고,
국민이 골고루 잘 사는 날이 올 것이네.
나는 씨만 뿌리고 가네.'라고 말했네.
죽산이 뿌린 복지와 평화의 씨앗을
인천에서 싹 틔우고 꽃을 피워야 하네.
죽산의 꿈을 인천의 꿈으로 받아야 하네
인천에서 현실로 만들어나가야 하네.

팔공오칠

1

　24일 밤 11시 30분쯤 인천시 북구 부평동 284 드림보홀에서 술을 마시던 미38부대 소속 리얼 미켈 병장(24)이 동석한 위안부 인은주 양(25) 얼굴에 술을 뿌린 것이 발단이 되어 위안부 1백여 명과 미헌병 50여 명이 미 8057부대 정문에서 투석전을 벌여 위안부 10여 명이 중경상을 입고 미군 2명이 부상했다. 이날 미켈 병장과 인은주 양이 싸우는 것을 본 위안부자치회장 김길연 양(32)이 이를 말리자 미켈 병장이 김양의 머리를 잡고 미8057부대 정문으로 들어갔다. 이에 흥분한 위안부 1백여 명이 부대정문으로 달려가다 초소헌병과 승강이가 벌어져 몰려온 헌병 50여 명은 투석전을 벌여 이영순 양(22) 등 3명이 중상을 입고 미군 2명, 위안부 7명이 경상을 입었다.

　　　　　　　　　　　　　　　- 1969년 9월 25일, 중앙일보

2

　인천시 북구 부평동 284번지는 어릴 적 우리 집 주소였는데,
　드림보홀 앞길은 우리들 놀이터였는데,
　8057은 버스정류장 이름이었는데,
　8057 다음 버스정류장 이름은 55부대였는데,
　우리가 양색시라 부르던 누나들과 아줌마들이 위안부였나.
　아 40년 넘게 지났어도
　아직도 뇌리에 선명한 그 숫자
　8057, 팔공오칠.

희미한 옛 세월의 그림자. 7

신촌성결교회 앞집
수근약국 옆집
백설 세탁소 안집
아버지가 지은 집
마당 한 가운데
우물이 있던 집
친구가 우물 청소 하러
우물 속으로 들어갔던 집
화단에 사루비아가 피었던 집
겨울이면 화단에
아버지가 김장 항아리를 묻었던 집
그 좁은 곳에
무려 세 가구나 살았던 집
추운 겨울 아버지가 돌아가신 집
돌아가신 날 밤 마당에 밤새 연탄불을 피웠던 집
대청마루에 일 년 동안이나
상청을 차려놓고
세끼 밥을 해서 올려놓았던 집
한여름 어름가게에서 얼음을 사와
수저로 수박을 쪼개 넣어
수박화채를 나누어 먹던 집
비오는 날

커다란 통에 우산 쓰고 들어가 앉아
이 비는 어디서 오나 궁금해 했던 집
어머니가 부엌 찬장 서랍에 넣어둔
돈 백 원을 훔치기 위해
고양이처럼 까치발로 걷다
부엌 턱에 걸려 넘어져
아랫입술이 찢어진 집
교회 학생 부흥회에서 돌아와
밥하고 있는 어머니에게
'사영리를 아시나요'
전도 했던 집
구슬치기 하던 집
딱지치기 하던 집
팽이를 돌리던 집
밤에 화장실 갈 때 촛불 들고 갔던 집
신문지를 비벼 밑을 닦았던 집
동네 사람 모두 대청마루에 모여
'아씨'를 보던 집
화면이 안 나오다가
한 대 후려치면 잘 나오는
티비가 있던 집
친척이 사준 바니 드롭프스

동생에게 뺏길까 봐 두려워
몰래 숨겨 놓고
하루에 한 알씩 몰래 꺼내 먹던 집
인천시 북구 부평3동 284번지 (2통 5반)

희미한 옛 세월의 그림자. 8
— 신촌성결교회

우리가 초등학생이었던
크리스마스이브에
친구들은 동방박사 세 사람이 나오는 연극을 했고,
난 나보다 더 큰
기타를 메고
장막을 거둬라 너의 좁은 눈으로
빠빠빠빠 사랑의 진실을 노래했고
중고생 누나들은 내 노래에 환호했고
내 얼굴을 막 만졌고
공연이 끝난 후
함께 노래한 교회 형의 오버 자락 속에 들어가
새벽길을 걸어
집집마다 새벽송을 돌았고
교회에서 돌아온 새벽
그토록 갖고 싶었던 세이버 스케이트가
방안에 놓여 있었고
우리가 중고생이 되었을 때
우리는 교회 지하 베다니실에 모여
찬송가를 불렀고
가을이면 '갈꽃의 속삭임' 문화제에 쓸 시화를
산에서 주워온 낙엽 위에 그렸고
누가 누구를 좋아한다는 소문이 떠돌기 시작했고.

인천에 살기 위하여

플레이 캠퍼스 한섬이의 안내를 받아
중구 동구 투어를
인천역에서 시작하는데
동인천역은 인천의 서쪽에 있고,
제물포역은 항구와 아무런 관련이 없고,
도원역은 일제강점기
근처에 있던 일본인 농장의 이름이고,
새로 생긴 수인선 송도역에 내리면
그곳은 송도가 아니니,
참 바꿀 일 많은 인천이다.
신포시장으로 들어가니
2대째 떡 장사를 하고 있는
종복 아우가 보고 싶은데
떡집을 아들에게 물려줄려나 갑자기 궁금하고,
까까머리 고등학교 시절
시골 부평에서
도시 인천까지
화려한 외출을 감행하여
손바닥보다 더 큰 튀김을 먹던 생각이 나고,
목구멍으로 후루룩 넘어 가던 우무 생각이 나고,
눈물 나게 맵던 쫄면이 생각나고,
신포시장 안의 칼국수 골목은

한때 인천의 학생들이 모두 몰려들던 골목이었지만
이제 딱 두 집 남아 있고,
차이나타운으로 가서
짜장면 박물관에 들렀다가
옛날에 배를 대던 골목으로 내려가니,
아, 차이나타운이 옛날에는 배를 대던 바닷가였지,
그래서 차이나타운에 밴댕이 횟집이 많은 거지.
김구선생이 옥살이를 하던 곳
인천감리서 터로 가니
감리서 터는 말할 것도 없고
곽낙원 여사가 머물며 아들 밥 해 주던 집도
아무런 흔적도 없이 싹 밀어버린 일이 못내 아쉽고,
답동 성당에 올라갔다가
답동의 답은 '논 답자'일 텐데
왜 언덕 꼭대기 동네이름을 답동이라고 했을까
궁금하고,
경동목욕탕을 지나갔는데
요금이 3천 원이라.
아니 목욕탕 요금이 3천 원이라니
인천에 아직도 이런 착한 곳이 남아 있다니 고맙고,
내리는 비도 피할 겸
애관극장에 들어가 오줌을 싸다 생각하니

맞다, 40년 전에 엑소시스트 보다가
너무 역겨워
나와서 그만 먹은 것 다 토했던 바로 그 화장실이다.
아, 벌써 40년 전 일이다.
그런데 그 시절 그 극장이
아직도 이름도 안 바뀐 채로
남아 있을 수 있다니,
참으로 고맙고 고마운 애관극장을 관통해
신신예식장으로 올라가니
아니 효인요양병원으로
언제 바뀌었지?
신신예식장은
제고 그룹사운드 레인보우 형들이 공연했던 곳,
이제 예식장 이름은
주차장이름에만 남아 있고
요즘 젊은이들은 결혼을 안 하거나 못하는데
노인들의 수명은 날로 길어지니
예식장이 요양원으로 바뀐 건
어쩌면 당연한 일이라는 생각이 들고
혹시 지금 요양원 계신 분 중에
신신예식장에서 결혼한 분은 없나?
다소 엉뚱한 궁금증이 들고,

용우물로 내려가니
용우물 주변이 작은 공원으로 바뀌었는데
우현 고유섭선생을 기리는 비석을 세워 놓았고
동인천역 앞 도로 이름도 우현로이니
관에서 잘하는 일도 더러 있구나 하는 생각이 들고,
대학시절 다니던
호프집 마음과 마음, 하이델베르크는 아직도 정정하고,
친구와 다니던 음악 감상실 자리는
어디인지 잘 모르겠고,
동인천역은 도대체 언제 해결되려는지
볼 때마다 열통 터지고
내년이 아시안게임이라는데
그때까지라도 해결의 실마리가 풀렸으면 좋겠지만
아마도 어려울 것 같고,
대한서림 1, 2층은
결국 프랜차이즈 제과점에 밀려
3층으로 쫓겨 올려갔고,
동인천 학생문화회관이
왜 이곳에 세워지게 됐는지를 알리는
추모비와 안내판은
꼭 그렇게 후미진 곳에 숨겨놓아야 했는지 모르겠고,
인현동 화재 참사로

꽃다운 청소년 무려 52명이
불에 타거나 연기에 질식해 숨졌던 게
1999년 10월이니
벌써 14년 전 일이고,
아직도 그날의 참사를 잊지 못하는
친구들이 갖다놓은 꽃다발만
추적추적 내리는 비에 젖고 있었고,
참 멋대가리 없이 만들어 놓은 동인천 북부 역사를
빠져나와
중앙시장으로 가니
그렇구나, 아 옛날에 결혼반지를 맞췄던 시장이구나,
중앙시장 옆 양키시장에는
물건을 팔려고 나왔는지
사람 구경을 하려고 나왔는지 모를
할머니들이 석고처럼 앉아있는데
양키시장은 다시 살아날 수 있을까
여전히 방치된 오성극장 자리를 지나
미림극장으로 가니
최근 실버전용극장으로 다시 태어나 다행인데
좌석안내도를 보니 좌석이 이층이다.
그래 맞아, 옛날에는 극장이 이층이었지?
자이언트, 로마의 휴일, 아, 다시 보고 싶은 영화

'나비 날다' 책방을 지나
배다리사진관으로 올라가니
사진가 이영욱 선생이 이상봉 관장과 인사를 시켜줬고
배다리 터줏대감
아벨서점의 곽현숙 선생은
무슨 일이 됐든
일 안 하고 있는 모습을 본적이 없고
스페이스 빔은
원래는 소성주를 만들던 양조장 자리
운기 아우가 구월동에서 짐을 싸들고
이곳으로 이사 왔는데
운기 아우의 스페이스 빔이 있어
이제 배다리는 더 이상 빈공간이 아닌데
빔은 비운다는 뜻이니
비움으로 채운다?
뭔가 심오한 역설이 있는 듯하고
비도 오는데 너무 한꺼번에 많은 곳을 다녔지만
알아야 사랑하는 거지,
계속, 인천에 살기 위하여

3부

너를 지킬 수 있을까

세타베 군, 따루시카 디브안자리 양

1.

광명시에 사는 고등학교 1학년인 영미는 일흔두 살 할머니와 단둘이 사는데, 4살 무렵 부모님이 교통사고로 돌아가신 뒤 기초생활수급자로 지정돼 매달 정부에서 생활비 30만원씩을 지원받고 있는데, 그럼에도 영미는 생활비의 십분의 일인 3만 원을 특별한 곳에 쓰는데, 용돈 8만 원에서 아끼고 아낀 3만 원을 아프리카 중동부에 있는 우간다로 보내는데, "3만 원으로 할 수 있는 다른 생각들이 들지 않더냐"는 질문에, "그럴 때도 있었는데요, 하지만 후원을 끊으면 세타베가 밥을 굶고 다니진 않을지 너무 걱정이 됐어요. 저는 걔네처럼 배고픔에 시달려 본 적은 없잖아요." 세타베는 김양이 용돈에서 여퉈낸 돈 3만 원을 전달받는, 올해 일곱 살 난 우간다 소년인데, "한국에 가족이 있다고 말해도 될 것 같다"는 내용의 편지를 보내오기도 했는데, 영미는 세타베의 편지를 받고 답장을 썼는데, "열심히 공부해 언젠가 만났으면 좋겠다. 어려워도 희망의 끈을 놓지 않는 사람이 되어줬으면 좋겠어. 그리고 고난을 통해 배웠으면 좋겠어. 아직은 나도 어려운 일이지만 우리 같이 노력해 보자."

2.

 인천시에 사는 고등학교 국어선생인 나는 영미가 정부에서 받는 생활비 30만원 보다 10배도 넘는 월급을 받는데, 술값이 너무 많이 들어 용돈을 좀 줄여볼까 하는 얄팍한 마음으로, 스리랑카 마타라에 사는 올해 10살 난, 키 117㎝ 몸무게 15㎏ 따루시카 디브안자리 양에게 보내는 후원금 3만 원을 이제 그만 보낼까 하는 생각을 아주 가끔씩 하는데.

용산에 갔다

　용산4지구 철거민 세입자 20여명 한강로변 망루 농성 돌입
　용산에 가지 않았다.
　새벽 경찰 진압 과정서 화재 발생. 철거민 5명과 경찰특공대 1명 사망
　용산에 가지 않았다.
　철거민 유족, 시신 안치된 순천향대병원에 합동분향소 설치
　용산에 가지 않았다.
　유족들, 참사 현장서 농성
　용산에 가지 않았다.
　서울시청 별관 앞서 용산4구역 철거민 노숙농성 시작
　용산에 가지 않았다.
　단식기도 11일째이던 문규현 신부 심장마비로 의식불명
　용산에 가지 않았다.
　용산 1심 재판 선고. 망루 생존 철거민에 전원 유죄 판결
　용산에 가지 않았다.
　용산참사 해결 촉구 시국미사
　용산에 가지 않았다.
　용산참사 협상 타결
　용산에 갔다.

오늘 구럼비 바위가 폭파되어 버린 날

오늘 구럼비 바위가 폭파되어 버린 날
오늘 구럼비 바위가 모두 폭파되어 버린 날
눈물도 없이 난
하루 종일 구형 신형 책걸상 통계 내느라
하루를 보냈어요
이 미친 시대에 나는
선생이랍시고
학교 안에서
아이들과 있었어요
혹시 내가 미친 건 아닐까?
오늘 구럼비 바위가 모두 폭파되어 버린 날
선생이랍시고 학교 안에서
학교 안에서

너를 지킬 수 있을까

먹염바다야
너를 지킬 수 있을까
선단여야
너를 지킬 수 있을까
우리나라의 가장 아름다운 숲
너를 지킬 수 있을까
꼭 지켜야 할 자연유산
너를 지킬 수 있을까
연평산아 덕물산아
너를 지킬 수 있을까
목기미해변아
너를 지킬 수 있을까
해안습지사구야
그 안에 사는 미꾸라지야
도둑게야 물방게야
너를 지킬 수 있을까
소사나무야
너를 지킬 수 있을까
코끼리바위야
바위 앞에서 보는 붉은 노을아
너를 지킬 수 있을까
개머리언덕아

너를 지킬 수 있을까
금방망이꽃아
금방망이꽃 위를 날아다니는 왕은점표범나비야
너를 지킬 수 있을까
바다 위를 날아다니는
송골매야
검은머리물떼새야
너를 지킬 수 있을까
조개무덤아
너를 지킬 수 있을까
바람아 공기야
밤하늘의 별아
고요야 적막아
너를 지킬 수 있을까
토끼섬아
토끼섬의 해식동굴아
너를 지킬 수 있을까
첫남성아
보라색 엉겅퀴야
억새야
강아지풀 닮은 수크령아
너를 지킬 수 있을까

거북이와 토끼가 경주를 하던

거북이 토끼 바위야

너를 지킬 수 있을까

굴업도야

굴업도야

너를 지킬 수 있을까

나는 걸었네

1월 1일 아침,
나는 걸었네.
성환에서 천안까지 나는 걸었네.
짐 진 당나귀처럼 나는 걸었네.
걸으면서 나는 생각했네.
강정 해군기지에 대해,
죽도록 열심히 일하는데 언제나 빈손인,
99퍼센트인 우리들의 가난에 대해,
꿈도 희망도 없이 스러져가는
우리 아이들에 대해,
아, 무엇보다도 내 시가
이 세상 모든 모순과 고통의 해결을 위해
아무런 힘이 되지 못한다는 열패감에 대해.
2012년 새해 벽두부터 나는 걸었네.
내리는 눈 맞으며 나는 걸었네.

살아간다는 것은 먼저 간 이들을
추모하는 일이 아닐까

광주국립묘지에서 열린
큰 스승 윤영규 선생님 6주기 추모식에서
추모시를 읽었다.
살아간다는 것은
먼저 간 이들을 추모하며 기억하는 일이 아닐까.
내가 기억하거나 챙기고 살아야 할 기일은 많았다.
아버지는 꽁꽁 얼어 땅도 파지지 않았던 1월에
돌아가셨고,
 가수 김광석이 서른한 살의 젊은 나이에 스스로 목숨을 끊은 것도 1월이었다.
 2월은 이범기 서기관이 사무실에서 쓰러져 영영 못 일어난 달이었다.
 3월은 장인어른이 돌아가신 달이고,
 윤영규 선생님이 갑자기 돌아가신 달이다.
 불알친구 박형진 대령이
 유엔평화유지군으로 네팔에서 활동하다
 헬기 추락사고로 희생된 것도 3월이었다.
 4월은 후배이면서도 내 삶에 가장 큰 영향을 끼친
강희철이
 전국연합에서 회의하다 쓰러진 후
 우리 곁을 영원히 떠난 달이고,
 5월은 '솔아 푸른 솔아'를 쓴 시인 친구 영근이가 죽은

달이고,
　노무현 대통령이 부엉이 바위에서 떨어진 달이고,
　인천연대 서지부장 하던 순종이가 연립주택에서 떨어져
죽은 달이었다.
　대학 친구 장재인이
　여주 섬강사고로 죽은 아내와 아들 곁으로 함께
가겠다고
　목숨을 끊은 것은 9월이었다.
　아들들보다 조카를 더 좋아한
　고모님이 돌아가신 것도 9월이었다.
　대천에서 만난 친구 채명훈 프란체스코가
　스스로 목숨을 끊은 달은 잘 기억나지 않고
　아, 사단법인 인천사람과문화 첫 이사회를 하던
　2011년 5월 13일 밤
　전농 정광훈 의장님마저 돌아가셨다.

다시 쓰는 교육일기
― 윤영규 선생님께

또다시 당신 가신 봄입니다.
올봄에 학교를 옮겨
열일곱 살 남자 아이들을 만났습니다.
학교 운동장 위로,
새 교복을 산뜻하게 차려 입은,
갓 입학한 아이들의 웃음소리와 재잘거리는 소리가
꽃무더기처럼 쏟아져 내립니다.
낯설고 두렵지만,
약간은 기대감과 호기심이 어우러져 있는 운동장과
교실.
세상은 봄을 맞아 산과 들 모두 푸른데
학교는 여전히
아직도 이 세상에 미련이 남아 주춤거리는 겨울
끝자락처럼
우중충한 회색빛입니다.
이 봄, 분주하기는 선생이나 아이들이나 마찬가지
명렬표를 작성하고
가정환경 조사를 하고
청소당번을 정해 주고
상담을 하고
신문에 난 입시기사를 오려
게시판에 꽂아 놓고,

사물함에 이름을 붙이고,
야자에 보충수업을 하고 있노라니
아 선생님
놀랍게도 교실 풍경과 학교 현실은
제가 꼭 26년 전에 쓴 교육일기와 거의 같습니다.

"대학입시를 준비하는
사랑하는 너희들은
전생에는 모두 나의 딸이었다
우리가 소중한 인연으로
이승에서 이렇게 만나
늦게까지 교실의 불을 밝히고
함께 앉아있음에 대하여
나는 가끔씩 슬프고
허전해질 때가 있구나
'엄마 학교 다녀올게요'가 아니라
'선생님 집에 다녀올게요'라고 인사하는 너희들은
피곤에 지쳐 잘 웃지도 않는 너희들은,
농부의 딸은 농부의 아내가 되지 않기 위하여
어부의 딸은 어부의 아내가 되지 않기 위하여
광부의 딸은 광부의 아내가 되지 않기 위하여
너희들은 공부하느냐

깊은 밤 너희와 함께

교실에 앉아 있으면서

밤에 보는 교실풍경은 조금씩 쓸쓸하다는 생각을 하면서

내가 너희들에게 해 줄 수 있는 일은 고작

신문에 난 논술기사를 오려

게시판에 꽂아 놓는 일

교실 앞문에 문고리를 다는 일

신발장에 번호표를 붙이는 일

가끔씩 밝은 얼굴로 뜻 없는 웃음 웃어 주는 일."

선생님

달라진 건 있습니다

야자의 이름이 자기주도적학습으로 바뀌었습니다.

아 보충수업의 이름이 방과후학교로 바뀌었군요

달라진 건 또 있습니다

교과서가 달라졌습니다.

교사용 지도서에 펜을 갖다 대기만 하면

피피티도 뜨고 동영상도 뜨는데요

그런데 선생님

입시 위주 교육

비인간적인 교육

아이들을 가두어놓는 교육

아이들이 학교를 떠나는 교육
아이들이 죽어가는 교육은
하나도 변한 게 없군요
선생님이 평생을 바쳤던 시간은 대체 어디로 가버린
것일까?
우리가 그동안 노력했던 세월은 도대체 어디로 가버린
것일까?
이순덕, 배주영, 신용길이 흘린 피와
이광웅, 정영상이 바친 목숨은
대체 어디로 간 것일까?
나를 택한 나 때문일까?
내 가족의 안녕만을 택한 때문일까?
아직도 버리지 못한 것들 때문일까?
쓰지도 않으면서 서랍 한 가득 쌓아두고도 나누지 않는
볼펜, 지우개 때문일까?
동 터오기 전의 캄캄한 새벽길을
한 치도 흔들리지 않고 뚜벅뚜벅 걸어가신 선생님
한사코 길을 가려면 멀리보고 가야한다는 선생님
말씀처럼
그냥 다시 멀리보고 가면 될까요?
얼마나 더 멀리 보고 가야할까요? 선생님
또다시 당신 가신 봄에

당신 사무치게 그리워
못난 후배 투정 올립니다.
선생님

다시, 참교육의 함성으로

대체 얼마 만에 불러보는
'참교육의 함성으로'인지
가사도 잘 생각나지 않는
'참교육의 함성으로'인지
한 때는
사무실에서 집회장에서
경찰서 유치장에서 최루탄 속에서
수도 없이 불렀던 노래
눈물 흘리며 불렀던 노래
오늘은 주안에 있는 예술영화전용 극장에서
'굴종의 삶을 떨쳐 반교육의 벽 부수고'
부른다.
전교조 인천지부 22주년 결성 기념식에서
'침묵의 교단을 딛고서 참교육 외치니'
부른다.
광주 영화 '오월애'를 보기 전에
'굴종의 삶을 떨쳐 기만의 산을 옮기고'
부른다
우리는 그때 굴종의 삶을 살았었구나
20여년이 지난 지금은 굴종의 삶에서 벗어났나
우리는 그때 침묵의 교단에서 아이들을 가르쳤구나
20여년이 지난 지금은 아이들의 넋이 춤추는 세상이

되었나
　우리는 그때 반역의 어둠 속에서 살았었구나
　20여년이 지난 지금은 사람 사는 환한 통일 세상이
되었나
　아아 우리의 전교조는 세웠지만
　아아 우리의 전교조는 합법화도 이루었지만
　아아 우리의 전교조 깃발 움켜쥐고는 있지만
　여기는 극장 안이구나

아아, 우리 아니라면 누가 다시 시작한다는 말인가?
― 전교조 인천지부 창립 20주년에

골방에서, 자취방에서
소주 한 잔 마시며 우리 교육 현실에 대해 걱정하고 분노하던,
페다고지를 돌려 읽으며
격렬하게 토론하던 이들이 정말 우리였을까?
경찰의 눈을 피해 집회에 참가하기 위해
손 까지며 굴뚝을 타고 내려오던 이들이 정말 우리였을까?
경찰서로 안 끌려가겠다고 버둥거리다가,
경찰서에서 안 나겠다고 버둥거리다가,
난지도 쓰레기장에 버려졌던 이들이 정말 우리였을까?
그 뜨거웠던 여름날,
명동성당 맨바닥에서 목숨 걸고 단식했던 이들이 정말 우리였을까?
100명도 넘게 옥살이를 한 이들이 정말 우리였을까?
1500명 넘게 학교에서 쫓겨났어도 두렵지 않았던 이들이 정말 우리였을까?
최루탄 날아다니는 아스팔트 위에서
눈물 콧물 흘리던 이들이 정말 우리였을까?
꽉 막힌 원천봉쇄도
산 넘고 물 건너 기어코 뚫고 들어갔던 이들이 정말

우리였을까?
　목사님 신부님 스님을 비롯하여
　대다수 국민들의 절대적인 사랑을 받았던 이들이 정말
우리였을까?
　낯선 교무실에서 신문을 돌리다
　잡상인만도 못한 취급을 받아도
　서럽지 않았던 이들이 정말 우리였을까?
　낡은 봉고차에 굴비를 싣고
　이 학교 저 학교 팔러 다니던 이들이 정말 우리였을까?
　눈물 철철 흘리며 이순덕, 배주영, 신용길, 정영상,
이광웅의
　장례를 치르던 이들이 정말 우리였을까?
　아 정말 우리였을까?

　그리고 그때
　20년 후 우리가 이런 모습으로 살아갈 줄 짐작이나
했을까?
　'기득권에 집착하는 이익집단'으로 취급당할 줄
짐작이나 했을까?
　참교육 마크 새겨진 가방을 메고 다니는 일이
　마음 불편한 일이 될 줄 짐작이나 했을까?

머리 뒤꼭지 뜨거워질 줄 짐작이나 했을까?
아이들이 성적을 비관하여 아파트에서 떨어져 죽었다는
뉴스가 나와도
마음속에 아무런 죄책감이나 동요도 없을 줄 짐작이나
했을까?
교육의 주체는 교사, 학생, 학부모란 말,
'민족, 민주, 인간화교육'이란 구호가
이처럼 공허하게 들릴 줄 짐작이나 했을까?
소위 일제고사 문제로
후배 해직교사가 생겼는데도
안타까운 마음만 잠시 지나갔을 뿐
참지 못할 정도의 분노는 생기지 않을 줄 짐작이나
했을까?
입에 담지 못할 추문에 우리들이 오르내릴 줄 짐작이나
했을까?
학원 강사만도 못하다는 말을 들을 줄 짐작이나 했을까?
내 일이 아니라면 상관안하고
웬만한 일은 참아 넘기고
비민주적인 일에도 더 이상 문제제기를 하지 않는
수동적 일상에 길들여질 줄 짐작이나 했을까?
'행복은 성적순이 아니잖아요'란 아이들의 절규가
이토록 낯선 말이 될 줄 짐작이나 했을까?

아 그리하여 우리들의 지난 20년이
헛된 시간처럼 여겨질 줄 짐작이나 했을까?

아직도 우리에게 희망이 남아있을까?
우리 다시 시작할 수 있을까?
그러나 지금 우리 교육현실이 반드시 바뀌어야 한다는
사실에 동의한다면
   희망을 거둘 수는 없는 것
   다시 시작할 수밖에 없는 것
   아이들을 살리기 위해 만들었으나 아이들은 여전히 죽어
가고 있으므로
   다시 시작해야 한다
   학교자율화란 미명하에
   아이들을 끝없는 죽음의 경쟁으로 밀어 넣는 현실에
찬성하지 않는다면
   다시 시작해야 한다.
   아이들을 오직 성적 단 한 줄로 세우려는 소위
일제고사에 찬동하지 않는다면
   다시 시작해야 한다.
   나를 바꾸고 우리를 바꾸고
   다시 시작해야 한다
   학교를 바꾸고 수업을 바꾸고

다시 시작해야 한다.
학생에게 행복을 주는 일을
학부모에게 희망을 주는 일을
교사에게 보람을 주는 일을
다시 시작해야 한다.
교사, 학생, 학부모를 소중하게 마음속에 품고
다시 시작해야 한다.
교사, 학생, 학부모를 교육의 주체로 세우기 위해
다시 시작해야 한다.
전교조로 다시 시작해야 한다.
아 전교조 아니라면 무엇으로 다시 시작한다는 말인가?
아아, 우리 아니라면 누가 다시 시작한다는 말인가?

시여! 침을 뱉어라

"인권위와 인권현장에 대해서는 아는 것이 없다."

"독재라도 어쩔 수 없다."

"우리 사회는 다문화 사회가 되었어요. '깜둥이'도 같이 살고…."

"야만족(몽골)이 유럽을 200년이나 지배한 건 대단한 일이다."

"우리나라에 아직도 여성차별이 존재하느냐?"

"나는 평생 신문 뉴스도 안 보고 산 사람이다. 청와대로부터 통보받고 KBS 9시뉴스 보기 시작했고 〈동아일보〉 구독도 신청했다."

"에이즈 때문에 공중목욕탕 가기 꺼려진다."

"불법농성장이기 때문에 인권을 논할 가치가 없다"

4부

여 행 시 편

울릉도는 외출 중

울릉도의 겨울은
지금 휴식중이거나 외출 중
케이블카도 휴식 중
약수공원 해도사 주지스님도 외출 중
쌓인 눈이 간판을 가린
기념품 가게주인도 외출 중
약국 주인도 외출 중
울릉중학교 사택은 방학 중
오직 도동항 배약국 배약사님만
뱃멀미에 떠는 배 여행자들을 위하여
문을 열어 놓았다.

대천 해수욕장에서

저 물처럼
속절없이 왔다가
속절없이 돌아가는 것이
인생이라면
나도 이제 그만 돌아가고 싶다.

태백산에서

눈은 난분분히 내리고 있었네.
눈 쌓인 태백산 풍경은 참으로 아름다웠네.
나뭇가지마다 눈꽃을 피우고 있었네.
어린 시절 친구에게 받았던
크리스마스카드에 그려져 있는
그림 같기도 했고,
미술 교과서에 나왔던
한 폭의 동양화 같기도 했네.
오직, 산에 눈이 많이 내린 바로 뒤에만
보여줄 수 있는 풍경이었네.
눈이 쌓여 계단은 잘 보이지도 않았네.
땀은 비 오듯 했네.
머리카락으로 흐른 땀은 바로 얼어붙었네.
안경을 쓸 수도 벗을 수도 없었네.
망경사를 지나
단종비각부터 정상까지는
발도 잘 안 떨어졌네.
겨우 두 시간도 안 되는 산행에 쩔쩔매는
내 저질 체력이 한심했네.
설상가상 배도 슬슬 고팠네.
주머니를 뒤져보니
어제 먹다 남은 떡이 들어 있었네.

버릴까 했던 떡을
남이 볼까봐 주머니에서 몰래 꺼내
혼자 먹었네.
떡은 몹시 차가웠지만 꿀맛이었네.
드디어 정상에 올랐네.
정상은 또 너무 추웠네.
한 순간도 서 있기가 어려웠네.
나는 손을 꺼내기도 싫은데
함께 간 동료가 내게 떡과 귤 한쪽을 건네줬네.
평소에는 거들떠보지도 않았던 귤 한 조각이
그렇게 달 수가 없었네.
주머니에서 혼자 몰래 떡을 꺼내 먹은 내가
남이 주는 떡은 죄책감도 없이
넙죽 잘 받아먹었네.
아이들에게
나보다 못한 이웃과
모든 걸 나누어야 한다고
입버릇처럼 떠들던 나였네.

남이섬에서 혼자 낮술을 마셨다.

둘이 가는 남이섬에
혼자 들어갔다 나와서
갑자기 내리는 비를 피해
식당을 찾으니
남이섬 입구 식당은
오직 닭갈비만 판다.
손님은 모두 쌍쌍이고
닭갈비도 이인 분만 판다.
홀로 여행하는 게
한두 번이 아닌데
오늘따라 이인 분이 아니라는 게
몹시 불편하다.
묵밥과 막걸리를 한 통 시켜
몇 대접 혼자 따라 먹으니
기분이 알딸딸해진다.
비는 더욱 퍼붓고,
묵밥을 안주로
혼자 막걸리를 따라 먹고 있자니
알딸딸해진 상태에서
갑자기 눈물이 나온다.
나는 아무렇지도 않은데
혼자 따라 먹은 막걸리 때문에

내 의지와 상관없이 눈물이 나온다.
눈물 흘리기 위하여 낮술은
마시는 것인가
내 삶의 어느 구비를
나는 흘러가고 있는 것일까.
끝까지 잘 흘러갈 수 있을까
눈물도 흐르고
비도 흐르고
남이섬 강물 따라
내 삶도 흐르고

바스*의 노래

1

대나무 숲에 들어가 약이라도 먹을까
그러면 당신을 잊을 수 있을까
산속으로 들어가 목을 맬까
그러면 당신을 잊을 수 있을까
강으로 뛰어들어
어딘지 모르는 곳으로 떠내려가 버릴까
그러면 당신을 잊을 수 있을까
천만 번 죽는다 해도 후회하지 않을
당신에 대한 깊은 열정과
천만 번 죽는다 해도 후회하지 않을
당신에 대한 한없는 사랑과
천만 번 죽는다 해도 후회하지 않을
아 당신을 향한 기약 없는 기다림

* 바스 : 중국의 소수민족인 지누족들 사이에서, 이루어질 수 없는
  연인들을 말함

2

그러나 당신이여
제발 죽지는 말아요
나를 향한 한없는 기다림에
더 이상 살고 싶지 않을 정도의 깊은 사랑에
미칠 듯한 열광에
당신이 몸을 떨고 있다는 걸
나도 잘 알지만
그러나 당신이여
제발 죽지는 말아요
평생 다른 사람과 혼인하여
다른 사람의 아이를 낳고 사는 것을
그저 우울하게
바라보며 살아가야 하는 게
그것도 아주 가까운 거리에서
바라보며 살아가야 하는 게
가슴 찢는 듯한 고통이란 걸
살고 싶지 않을 정도의 슬픔이라는 걸
아주 잘 알지만
그러나 당신이여
그건 나도 마찬가진걸요

당신이 부르는 노랫소리
결국 당신의 울음소리에 묻혀갈 때
나는 속으로 피눈물을 흘려요
내가 내 사랑을 담아 당신에게 드린
밤새 수놓은 허리띠와 손수건 잘 간직하고 계세요
나도 당신이 내게 정성껏 조각해 준 대나무 악기
잘 간직하고 있을게요

3

저승에서나마 당신의 바스와 혼인할 수 있도록
당신의 아내와 함께 묻지 않겠습니다
내세에서나마 당신의 바스와 함께할 수 있도록
당신의 바스가 준 손수건으로 얼굴을 가리고
당신의 바스가 준 허리띠로 관을 묶어드릴게요
저승에서나마 당신의 바스와 혼인할 수 있도록
당신의 남편과 함께 묻지 않겠습니다
내세에서나마 당신의 바스와 함께할 수 있도록
당신의 바스가 준 대나무 악기를
당신의 관 머리맡에 놓아드릴게요

윈난 시편

1. 따리 가는 길

따리에 다 와가니 해가 저물었다.
아직 제 집으로 완전히 돌아가지 못한
노을과 구름이 어울려 만든
쓸쓸한 풍경
홀로 다니는 여행자라면
눈물이라도 한 방울 뚝,
떨구었을 것 같은,
저녁에서 밤으로 들어가는 시간.
쿤밍에서 따리로 들어가는 시간

2. 창산 말 타기

제 한 몸 가누기도 어려운 산비탈 길을
눈으로 미끄러운
길 아닌 길을,
미끄러지며,
헛디디며
푸푸, 콧김을 뿜으며,
나를 태우고

산 위로 산 위로 올라간다.
더 이상 농사에 필요 없게 된 말들
말이 할 일이 생겨 주인에게 돈을 벌어주니
말은 이제 죽지 않아도 된다.
내가 말을 타야 이 말이 죽지 않는다
말은 쓸모가 있어야 죽지 않는다
걷지 않고
리프트를 타지 않고
말을 타고 창산에 오른 내가
잘한 건가

3. 창산 중화사에서

추위로 얼굴이 발개진 여인이
양동이에 눈을 퍼 담고 있다.
지금 뭐하고 있는 거냐고 물으니
눈을 녹여 물로 쓴단다.
손과 발로 말했다.
여행자에게는 언어가 필요한 게 아니라
꼭 소통하겠다는 열린 마음이 더 필요하다.

4. 창산 트레킹

말 타고 올라온 꼭 그만큼
걸어서 내려가야 한다.
오직 내 두 발로 걸어 내려가야 한다.
눈에 파묻힌 창산은
더 이상 '창산'이 아니라 '백산'
창산의 겨울 경치는 말할 수 없이 아름다웠으나
모든 아름다운 것은 꼭 그만큼 위험했다.
길잡이로 나선,
객잔 주인 할아버지는
무슨 일이 있냐는 듯,
스르르 잘도 내려간다.
하산 길에 얼하이 호수의 전망을 한눈에 감상할 수 있다는데,
내 코가 석자니
아무 것도 눈에 들어오지 않는다.
오직 내 발 밑만 쳐다볼 뿐
미끄러지고 자빠지고 넘어지다
산 아래 마을에 도착했다.
언제 창산에 눈 쌓인 적이 있었냐는 듯,
산 아래 마을은 봄처럼 햇볕이 따스하다.

하루 동안 사계절을 살았다.

5. 백족 사평마을 장터에서

100년의 세월이 함께 있는 곳
곧 쓰러질 것 같은 천막 속에서 파는 시디
다 무너져 가는 집 벽 앞에 늘어놓고 파는 전자시계
그 앞을 달려가는 백족 소년에게
시계가 전혀 필요 없었을 백족 소년에게
빠른 속도와 정확한 시간을 요구하고 있는
백족 사평마을 장터

6. 낭비일생

리장 고성 객잔 앞 카페 '낭비일생'
헛되이 보낸 한생을 후회한다는 뜻일까?
리장에 와서는 한 번쯤
낭비해보는 것도 괜찮지 않겠냐는 뜻일까?
'지독한 역설'이 이상하게 마음에 들어온
객잔 앞 카페 '낭비일생'

7. 소원등

리장 그 붉은 등 사이로
흘러나오는 요란한 음악이
잠시 마음을 들뜨게 하는데
옥룡설산에서 흘러 내려온 시냇물에
음악과 함께 소원등이 떠내려간다.
자신의 소원을 적어 띄워 보내는 사람들
저 사람들은 무슨 소원을 적었을까?
난 무슨 소원을 적어 띄워 보낼까?
내 진정한 소원은 무엇일까?

8. '이 적막한 밤, 이 고독한 밤 누구와 이야기해야 하나'

오직 윈난성에서만 유행한다는
이름 모를 중국 여가수의 노래.
띠따리 따리따리따 띠따리 따리따리따
'이 적막한 밤, 이 고독한 밤 누구와 이야기해야 하나'
임과 헤어진 여인의 외로움을 그린 노래.
처음 들었을 때부터
귀에 쏙 들어오던 노래.

'사랑과 이별'은 과거부터 현재까지,
만국 공통의 숙제인가
인간이라면 헤어나기 어려운 숙명인가
'고통 받지 않으려면 아예 사랑을 하지 말아야 했다.
그것은 살아가면서 나쁜 것들을 보지 않기 위해
두 눈을 파내는 것이나 다름없는 일이었다.'*

9. 천리주단기

사랑하는 사람에게는
천 리를 홀로 달려가
사랑한다, 고
말해야 한다
사랑하는 사람에게는
사랑하다는 감정을
숨기면 안 된다
사랑이 지나가기 전에
사랑한다, 고
말해야 한다
죽기 전에

---
* 파울로 코엘료 '브리다' 중에서

사랑한다, 고
말해야 한다

10. 리장 쑤허마을

고색창연한 기와지붕이 물결처럼 출렁이는 마을
글 쓰는 사람들이 두세 달 묵었다 가는 곳으로
인기가 있다는 쑤허마을
살면서 정말 해보고 싶은 일
리장 쑤허마을에서의 두세 달,
나의 '로망'
내 삶에서 그런 날이 올까?

11. 차마고도, 진사강

등에 차를 가득 짊어진 말들이
겨우 한 줄로 지나다닐만한 길
눈앞에 가로 막힌 산을 넘는데,
날아갈 수 없다면 걸어 넘어야 한다.
사람들과 말들이 걸을만한 경사여야 한다.

산을 오르내릴 때 산을 빙빙 돌 수밖에 없다.
눈앞에 가로막힌 강을 넘는데
날아갈 수 없다면 헤엄쳐 넘어야 한다.
진사강은 반드시 건너야 할 강,
저토록 진초록으로 아름다운 진사강을 건너다
수백 수천 년 동안 얼마나 많은 마방과 말들이
빠져죽었을까?
푸른 색 채소라고는 단 한 가지도 나지 않는,
차를 마시지 않으면 죽을 수밖에 없는,
척박한 땅에서 비타민을 보충하기 위한 유일은 방법은
오직 차를 마시는 일밖에 없는, 티베트 인들에게
차는 기호품이 아니라 목숨을 부지하기 위해
반드시 마셔야 할 생명의 차,
티베트 고원에 사는 사람들에게 차를 팔기 위해,
마방들은 목숨을 걸고 산을 넘고 강을 건넜다.
차마고도는 그들에게 장사라기보다는
티베트인들의 생명을 살리는 생명의 길
삶은 참으로 엄정한 것.
강물이 녹색이라 더 서러운 진사강

12. 원난 소녀

먼지 많은 땅 위에
쭈그리고 앉아
무엇을 쳐다보고 있니?
무슨 생각을 하는 거니?
이 세상에서 제일 슬픈 눈을 하고

13. 루구후 가는 길

길은 이제 본격적으로 험해지기 시작한다.
좁고 험한 데다 눈까지 쌓여 두려운데
전방에서 차까지 오면 차라리 눈을 감는 게 나았다.
루구후는 자신의 모습을 보여줄 듯 말 듯,
시종 약을 올리는데,
날은 시나브로 어두워지고
급기야 버스는 눈밭에 길을 잘못 들어,
그냥 내려갈 수도, 되돌아 갈 수도 없는 버스
모두 버스에서 내려 버스를 밀었고
천신만고 끝에 버스는 움직였다.

낮 동안에는 가도 가도 나오지 않는
긴 시간과 거리를 탓했었는데,
난감하고 위험천만한 상황을 겪고 나니,
아 이제 시간은 얼마나 걸려도 좋으니,
거리는 얼마나 멀어도 좋으니,
무사히 루구후까지만 도착했으면 좋겠다는 생각
사람 마음이란 다 그런 것이다.

14. 모서족 주혼

남녀 만남은 '완회'라는 등불야회에서 이루어진다.
13세 이상이면 모두 성인이다.
남성들의 노래는 힘차고 춤은 씩씩하다.
여성들은 하나같이 예쁘고 목청은 곱다.
자연스럽게 밤마다 함께 만나 교제를 한다.
마음에 맞는 짝이 생기면 손바닥을 긁어
서로의 의사를 확인한다.
눈이 맞은 밤 남자가 여자의 집을 찾아간다.
새벽 남들 눈에 띄기 전에 여자 집을 나와야 한다.
'주혼'은 외부인들이 만들어 낸 말

혼례가 아닌데 '혼'이라는 말이 붙을 수 없다.
마음이 맞으면 관계가 지속되고
어느 한 쪽이라도 마음이 맞지 않으면
관계가 종료된다.
아이가 생기면 엄마가 키운다.
아이는 주로 외할머니, 어머니, 외삼촌, 이모와 한 가족이 된다.
남자 아이들은 아버지가 없으므로
외삼촌이 가르친다.
인간본능에 가장 충실한
'큰 탈이 없는 방식'

15. 나는 루구후 돼지

나는 어디든 자유롭게 돌아다니지
구제역? 나에게는 먼 나라 얘기지.
구제역? 난 잘 걸리지도 않지만,
걸려도 금세 나을 수 있지.
물론 너희 나라 돼지도 나을 수 있지.
너희 나라에서는 수백만 마리나 왜 마구 파묻냐구?
너희는 경제성이 없기 때문이지.

사료를 먹어도 살이 안 찌기 때문이지
언제 나올지 모르기 때문이지
너희나라 돼지는 생명이 아니라 물건이고 상품이지

16. 용닝장터

루구후 인근 여러 소수민족들이 모여드는
용닝장터에서는
우리가 구경꾼이 아니라
그들이 구경꾼
가방과 양동이와
안경과 시계와
솥단지와 이불을
한 가게에서 파는 용닝장터
브라운관 티브이를 고치는 전파사도 있고,
길가의 시계수리공도 있고
돼지가 거리를 활보하는 용닝장터

17. 자메이사 불상 만드는 할아버지

굳은 버터에 갖가지 색을 칠해
절에서 필요한 것들을 만드는 할아버지 얼굴에
카메라를 들이대고 계속 셔터를 누른다.
사진을 찍을수록
대상에 대한 사랑 없이는
사진이 안 된다는 것을 알았다.

18. 루구후 호수

루구후 호수의 새벽
별빛은 차갑게 빛나고,
으스름 하현달은 호수를 비춘다.
루구후 호수의 아침은
푸른색 물감을 마구 풀어 휘저어 놓은 것 같은
코발트블루의 향연.
해질 무렵 숙소로 들어와 보는 호수는
뭐가 쓸쓸하고 처연한 느낌.
루구후에는 호수가 세 개나 있다

19. 여신만 객잔의 밤

쏟아지는 별 빛 속에서
통돼지 바비큐를 안주로
객잔 식구들과 주민들과 여행자들이 함께
수리마주를 마시는 밤
취해도 좋을 듯싶었던
루구후 여신만 객잔의 밤

20. 루구후 여신만 객잔 할머니

루구후의 아침은
여신만 객잔 할머니의 치성으로 시작된다.
솔가지를 태우면서
불의 신과 거무산 신에게 기도를 올린다.
일 년 365일 하루도 빠지지 않고
매일 아침마다 치성을 올린다.
머리에 쓴 스카프를 벗고
기도를 올린다.
두 손을 간절히 모으고,
차가운 땅바닥에 이마를 대고

기도를 올린다.
날이 추운데도
할머니의 기도가 얼마나 절실한지
땀을 흘리신다.
할머니는 아침마다 세계의 평화와
가족의 안녕을 위해
기도하신다.

21. 루구후 여신만 객잔 할머니의 눈물

루구후 여신만 객잔을 떠나는 날
말이 안 통하니
여행자들과 제대로 말도 한 마디 못 나눠 본 할머니가
제일 먼저 눈물을 흘린다
할머니의 사랑이 가장 깊다
다시 이곳에 올 일은 없을 것이므로,
최소한 할머니가 이곳에 살아 계실 동안
내가 다시 이곳에 올 일은 전혀 없을 것이므로,
할머니와는 이승에서의 마지막 인사.
할머니의 우리들에 대한 무조건적인 사랑,
단지 이틀 묵어가는 여행자에 대한 가없는 사랑,

다시 볼일 없는,
먼 곳에서 온 다른 나라 여행자에 대한 아낌없는 사랑,
아 할머니의 조건 없는 사랑,
이 세상 모든 어머니들의 사랑
할머니에게 배운 사랑

22. 여행은 나의 스승

여행은 나를 한없이 작아지게 만든다.
여행은 나를 한없이 부끄럽게 만든다.
루구후의 할머니와 짜씨,
함께 여행 한 여행자들,
여행에서 만난 모든 현지인들,
여행에서 만난 모든 풍경들,
모두 다 나의 스승.

귀주 시편

1. 귀양- 취애

광저우에서는 비가 내리더니
'귀한 햇볕'이라는
도시 이름처럼
귀양의 햇볕은 따갑다.
해가 지니
거리는 모두 노점으로 변했다.
귀양의 명물이라는
뚝배기 국수를 먹고
숙소로 돌아오는데
카페이름 하나가 내 눈길을 끈다.
'취애'
취한 사랑?
사랑에 취하다?
어떤 사랑이 취한 사랑인가
사랑에 취하면 어떻게 되는가

2. 시장 천호묘채

천호묘채

천 집이 넘는
귀주성 최대의 묘족 마을
저녁을 먹고 나니
마을에 땅거미가 내려앉았다.
산꼭대기까지 지어놓은
천 개의 집들이
하나둘 불을 밝히니
천 개의 집들이
천 개의 별로 변했다.

3. 동족 삼보채마을

귀주에서 노래 잘 부르기로 유명한 동족
웬만한 공연은 남녀혼성 4부 아카펠라
목청이 너무 좋아
유럽으로 순회공연도 다니는데
동족 남자들은 노래 못하면
장가도 못갈 것 같다.

4. 마오타이주

마오타이는 귀주성에 있는
아주 조그마한 마을 이름
조그만 마을의 술 마오타이주가
중국의 국주가 된 것은
모택동의 대장정과 관련이 깊지
대장정은 1934년에서 1936년까지 3년간
중국의 홍군이 강서성에서 산서성까지
국민당 군과 전투를 하면서
1만 2천km를 걸어서 이동한 행군을 말하지
중국공산당이
국민당 군대의 포위와 토벌을 받은
강서성의 근거지를 포기하고
새로운 공산당 근거지를 확보하기 위해 시작되었지
러시아 코민테른의 지도로
중국 내 주요 도시를 거점으로
활동을 전개해 나가던 공산당은
잘못된 전략과
국민당군의 공격으로
위기에 몰리기 시작했지
마오쩌둥은 도시를 거점으로 확보한다는

정책에 반대하고
농촌을 우선 포섭하고
이후 도시로 전개해 나가야한다는 주장을 폈지
모두 11개의 성을 통과하고
18개에 이르는 산맥을 넘어
대장정을 마쳤지
장정 도중 합세한 주민들로
병력을 보충했음에도 불구하고
장정을 마치고 새로운 근거지에 도착했을 때는
30만의 병력이 불과 3만에 지나지 않았지
대장정 중
모택동 일행이
귀주성 마오타이를 지나게 되었는데.
마오타이의 노동자들이
모주석에게 마오타이주를 대접했고,
모주석이 그 술을 맛있게 먹은 후
잊지 않고 기억했다가
중국정부 수립 하고 나서
마오타이주를 국빈주로 사용하게 되었고
마오타이주는 국주가 되었지.

5. 빠사족

이 세상에서 유일하게 남은
총기 소지가 허용된 마을
아마도 총으로 사냥을 하던 용맹한 부족이었을,
평생 총을 몸에서 내려놓지 않는다는 빠사족
성인식 때는 낫으로 머리를 깎고
신을 신고 다니지 않는 사람들이 아직도 많고
거의 모든 일을 손으로 하는 빠사족이지만
문명은 역시 이 마을도 비껴가지 않아
비록 맨발이지만 휴대폰이 있고
방아는 디딜방아지만 방아 지붕 위에는
위성안테나가 있으니
과거와 현대의 공존인가
이제 가장 능력 있는 남편은
총 잘 쏘는 이가 아니라
장에 나가 위성접시를 사서
짊어지고 들어오는 남편이다.

6. 사마천의 말

빠사족 마을 학교 외벽에 붙어있던
사마천의 말
'사람은 진실로 모두 한 번의 죽음이 있다
그런데 어떤 이의 죽음은 태산보다 무겁고
어떤 이의 죽음은 깃털보다 가볍다'
언감생심,
나의 죽음이 태산보다 무겁기를
바라지는 않지만
적어도 깃털보다 가볍지는
말아야 할 텐데

7. 고속도로

충장에서 뚜원까지
원래는 8시간도 훨씬 넘는 거리를
5시간 반에 달렸다.
새로 난 고속도로가 없었다면
어림도 없었을 시간
산위에 고속도로를 놓으니

당연히 대부분 터널과 다리다
옛 도로 위에 살았던
사람과 동물은
모두 생략 된다
저기 산 아래 공사판에서
포클레인이 내는 굉음이 요란하다
봉우리 하나가 파헤쳐지고 있다
내가 편하게 다닌
바로 그 고속도로 공사

8. 샹즈꼬우마을

700년 동안 옛 방법으로 종이를 만들고 있는
샹즈꼬우마을
이름 그대로 향기 나는 종이를
만드는 마을
종이를 만드는 일은
100% 손으로 이루어지는데
작업 과정이 70단계도 넘는다.
벼농사 짓는 일이 88번 손이 간다는데
종이 만드는 일도 만만치 않다.

동네 뒷산에서 대나무를 베어다가
물에 넣고 불린 후
불을 때서 찐 다음
방아로 갈아서
물속에 풀고
네모난 틀에 떠서
그늘에서 말린다.
그런데 700년을 넘게 버텨 온 이 종이마을도
미래가 분명하지 않다.
마을 자체야 없어지지 않겠지만
공장에서 대량으로 만들어내는 종이와
경쟁할 수가 없다.

9. 시간에 관하여

고속도로도 아니고
몹시 흔들리는 장거리 버스 안에서
시간을 유용하게 보내는 방법은
대체 무엇일까
잠자는 것도 한두 번,
책은 당연히 못 읽고

할 수 있는 일이 겨우 찍은 사진 지우기나
엠피쓰리 듣기인데
그것도 지겨워지면
하염없이 창밖만 내다보게 된다.
이럴 때는 생각도 잘 안 난다.
평소에는 그토록 모자랐던 시간,
정작 시간이 남아도는데
아무 할 일이 없다는 현실.
시간은 참으로 상대적이어서
어떨 때는 혼자 마구 앞으로 달려가기도 하고
그냥 하염없이 제자리에 멈춰서 있기도 한다.

10. 황귀수폭포

황귀수대폭포
세계 4대 폭포
아시아에서는 가장 큰 폭포
벼락 치듯 물이 쏟아져 내리는 모습을
상하 좌우에서 감상할 수 있을 뿐만 아니라
폭포 속으로 들어갈 수도 있는
세계에서 유일하게

여섯 방향에서 바라볼 수 있는 폭포.
중국 전설의 여행가 서하객은
"진주를 두드리고 옥을 깨뜨리듯이
물방울들이 마구 튀는데
물안개들이 하늘에 솟아나기에
굉장한 장관이다"라고 했으니
여기에 내가 무슨 말을 더 보탤까?

11. 귀주의 하늘

귀주의 하늘은
모든 날씨를 선물하려고 작정한 듯
어떤 날은 조금씩 날이 끄물거리더니
급기야 사위가 시커멓게 변하고
벼락과 천둥번개를 사정없이 내리치다가
또 어떤 날은
갑자기 구름이 끼어 앞이 하나도 안 보이면
중국 산수화의 화폭이 절대로 과장이 아님을,
절대로 상상으로 그린 것이 아님을 안다
산이 구름에 가렸다가
다시 나타났다가

구름과 산이 어울려 현란한 공연을 하는데
녹색 강 한줄기
진 초록색 산 한줄기
회색 구름 한 줄기
파란 하늘 한 줄기
귀주의 하늘은
네 줄기로 이루어졌다.

12. 마령하협곡, '지구의 아픈 상처'

마령하협곡은
카르스트 지형으로
오랜 세월 물이 흘러 만들어진 깊은 원시협곡
길이만 해도
4백 킬로가 넘는데
우리로 치면 서울에서 부산까지가
모두 협곡이다.
'지구의 아픈 상처'라는 협곡의 별명이
허언이 아니다.
물에 녹은 석회암이
계곡 전체에

작은 테라스 지붕을 만들었다.
마령하협곡에
비가 내린다.
수천 개도 넘을 계단을 오르내리니
비인지 땀인지 뒤범벅이다.
내 한 몸 부지하기도 어려운
위태스러운 곳에
계단을 만드느라
얼마나 힘들었을까 생각하면
하나도 힘들지 않다.
아큐의 정신적 승리법

13. 만봉림

만개의 봉우리 속에
부의족들이 마을을 이루고 살아가는 곳 만봉림.
몇십억 년 전에는 바다였다는데
만일 다시 바다가 된다면
베트남 하노이의 하롱베이와 비슷해질 것 같다.
아이들이 팔 물건을 펼치는데
구경도 하기 전에

아이들에게 사진기를 먼저 들이댄다.
이럴 땐 카메라가 싫고
내가 싫다.

14. 북반강

북반강교를 걸어서 건넜다.
계곡의 깊이만 몇 킬로는 될 것 같다.
산도 녹색 계곡도 녹색 강도 녹색
북반강은 녹색강
계곡 밑을 흐르는 북반강도 장엄하지만
그 위에 다리를 놓은 인간의 힘도 대단하다.

15. 장각 묘족마을

장각묘족마을은
마을전체가 야외박물관으로 지정된 곳
여인들 머리 위에 올린 장각,
긴뿔머리가 독특하다.
여인들이 우물가에서 물 긷는 시범을 보인다.

그 무거운 물동이를 허리 뒤에 얹고 이동하는 데
가히 서커스 수준이다.
장각묘족 마을의 나이든 여성들은
물동이 때문에 뼈와 몸이 완전히 휘어졌다.
공연 중 계속 눈에 뜨였던 예쁘장한 여학생
점심 먹으러 촌장 집으로 가니
바로 촌장의 딸
소수민족으로서 그 여학생은
어떻게 자랄까
더 이상 물동이야 지지 않겠지만
장래에 뭐가 될 수 있을까
이곳에 다시 와
촌장집 예쁜 딸의 안부와 성장을
확인할 수 있을까

16. 천룡 둔보

둔보는
약 800여 년 전
명나라 주원장의 군대가
운남을 정벌할 때 왔던 군사들이

이곳에 아예 눌러 살게 되었고
그때 형성된 마을
소수민족의 땅에 살게 된 한족들은
여기서는 자기들이 소수민족이라면서
한족의 전통문화를 그대로 지켰다.
천룡 둔보 안
천룡중학교에서 열린 장례식 풍경
사진을 보니 할머니가 돌아가셨는데
우리처럼 마작도 하고
음식도 나누어 먹는다.
머지않아 자기들에게도 닥쳐 올 죽음 앞에서
돌아가신 할머니의 친구들 표정은 심상치 않다.
귀주 여행이 끝나갈 무렵
귀주는 내게 왜 하필 장례식을 보여줬을까
모든 삶의 여행도 결국에는 그 끝에
죽음이 있다는 것을 말하려는 것일까

17. 중국은 어디로 갈 것인가

귀주박물관 앞 버스 정류장에
가수의 공연 홍보물이

대문짝만하게 붙어 있다.
알아보니 대만 가수다.
우리 남북의 가수들은
언제 남과 북을 왔다 갔다 할꼬.
정류장에 서는 버스는
마치 래핑카처럼.
광고로 도배를 했다.
기묘한 사회주의 중국.
자본주의보다 더 자본주의적인 중국.
중국은 과연 어디로 갈 것인가

미국서부 시편

1. 당신이 만일 샌프란시스코에 가면

베이교를 건너 오클랜드로 가는데
샌프란시스코의 붉은 노을이
자기들도 함께 데려가 달라고
우리가 탄 버스를 따라온다.
때 맞춰 버스 안에서 흘러나오는
'이퓨 고잉 투 샌프란시스코
비 슈어투 웨어 섬플라워스인유어 헤어'
'어너 다크 디절 하이웨이
쿨 윈드 인 마이 헤어'
베이교 틈으로 보이던 추상화 같던 붉은 노을
잊을 수 없는 '샌프란시스코'와 '호텔 캘리포니아'

2. 라스베이거스, 인간 욕망의 종착지

라스베이거스는 네바다 주 사막에 신기루처럼 떠 있는 곳
하늘 높은 줄 모르고 서있는 호텔,
밤마다 호텔과 거리에서 계속되는 쇼와 도박.
라스베이거스는
인간의 삶이 얼마나 화려할 수 있는지,

인간이 하늘 위로 얼마나 더 높이 오를 수 있는지,
인간이 얼마나 더 좋은 음식을 먹을 수 있는지 겨루는
인간 욕망의 경연장
라스베이거스는 일 년 내내 공사를 하는 곳
라스베이거스는 건축비용으로 아무리 많은 달러를 쏟아부어도
사람들의 관심을 끌지 못하면 그대로 파괴하는 곳
오쇼, 르 르브쇼, 카쇼
라스베이거스는 인간이 상상할 수 있는 거의 모든 것을
현실에 실현하는 곳
그렇게 하지 않으면 살아남지 못하는 곳.
라스베이거스는 인간 욕망의 종착지

3. 그랜드 캐년

자연의 위대함과 신비로움?
말은 모두 집어치워라.
하느님이 정말 있지 않을까
하느님이 아니라면
어떻게 저런 모습을
만들어낼 수 있단 말인가?

4. 애리조나 사막

애리조나 사막의 차창 밖 풍경은 딱 네 가지
푸른 하늘,
붉고 황량한 들판,
기괴한 바위,
그리고 흰 구름이다.
구름 속에 또 구름이 숨어 있고
그 구름 속에 또 구름이 숨어 있다.
바로 내 이마 위에 있는 구름은
톡 건드리면 툭 떨어질 것 같다.
뚫린 구름 사이로 내리비치는 햇빛은
하느님이 이 세상을 향해 비추는 플래시다.

5. 자이언 캐년

바위산 1.8km를 손으로 뚫어 만든 터널을 지나는데
때마침 흘러나온
'유 라잇업 마이 라이프'
'어메이징 그레이스'
이 세상에 눈물 날 정도로 아름다운 자연이 있음을

자이언 캐넌에 와서
처음 알았다.

서유럽 시편

1.

나짐 히크메트가 말한 대로
어느 길로 가야 할지 더 이상 알 수 없을 때
그때가 비로소 진정한 여행의 시작이라면
내겐 매일 매일이 여행의 시작이었다.
왜냐하면 난 내 삶에서
단 한 번도
어느 길로 가야할지 안 적이 없었으므로.
나도 보들레르처럼
어디로라도, 어디로라도 가야했다.
그곳이 이 세상 바깥이기만 하다면

2. 파리의 우울

파리의 겨울은
8시가 훨씬 넘었는데도
해가 뜰 생각을 안 한다.
사위는 깜깜하다.
모두 두고 떠나와
혼자 눈 뜨고

혼자 아침을 먹는다.
파리에서는
웬만해서는 해가 떠오르지 않는다.

3. 모나리자

'백만 달러의 미소' 모나리자는
방탄유리 속에 갇혀 있었다.
작품 옆에는 작품만한 크기로
소매치기 주의하라는 경고가 붙어 있다.
우리말도 있다.
모나리자 앞에서는
입을 크게 벌리고 있는
두 부류의 사람들이 있다.
한 부류는 작품에 감동해서,
또 한 부류는 자기가 소매치기 당했다는 것을 알고 나서.
'모나리자의 미소'는 잘 보이지도 않는다.
박물관 안에서 길을 잃으면
경비원들에게 개띠도 아니고 닭띠도 아닌 소띠만 외치면 된다.
소띠, 출구란 뜻이다.

4. 개선문

샹젤리제를 비롯해
12개의 대로가 이곳으로부터 출발한다.
그래서 이 광장을 에트왈, 별, 방사형 광장으로도
부른다.
신호등도 교통경찰도 없다.
이곳에 와서 원하는 방향으로 나갈 수 있으면
비로소 진정한 파리의 운전자다.

5. 몽파르나스 묘지

몽파르나스 빌딩에서 내려다 본
아무 건물도 없는 넓은 운동장 같은 곳,
바로 몽파르나스 묘지다.
보들레르, 모파상, 사르트르, 보봐르, 사무엘 베케트,
생상 등
유명인들이 묻혀 있는 곳이다.
우리는 혐오시설이지만
프랑스에서는 오히려
이 근처 집값이 훨씬 비싸다.

왜냐하면
'세상에서 가장 조용한 이웃'을 뒀기 때문이다.

6. 에펠탑

모파상은 늘 에펠탑 2층 식당에 와서
점심을 먹었다.
그 곳이 파리에서 흉물스런 에펠탑이 안 보이는
유일한 곳이기 때문이었다.

7. 몽마르트

좀처럼 눈 쌓일 일이 없는
파리의 운전자들이 몹시 당황스러운 표정으로
자동차를 돌보고 있다.
거리의 화가들은
내리는 눈 때문에
모두 집으로 돌아가고,
하루벌이가 시원치 않았던 화가들 몇 명만
하염없이 내리는 눈을 속절없이 쳐다보고 있다.

8. 센 강

날이 너무 추워서 배 밖에 있기가 어렵다.
약간 오한이 나려고 한다.
비가 섞여 내리는 눈이 야속하다.
홀로 여행 첫날인데
감기라도 걸리면 정말 큰일이다.

9. 리용역

스위스 행 테제베를 탔다.
카메라와 등에 매는 가방만 챙기고
가장 큰 트렁크는
대합실 앉았던 자리에 그대로 둔 채
기차를 타러 갔다.
이태리에서는
아침 먹으러 내려가려고
열쇠를 찾는데 열쇠가 없었다.
문을 열어보니 열쇠구멍에 꽂혀 있었다.
열쇠를 밤새 문밖에 꽂아놓고 잔 거다.
이러면서 뭔 홀로 여행을 한단 말인가?

10. 제네바

유치원 아이들을 선생님이 인솔하는데
아이들을 모두 한 줄에 묶어 데려간다.
이것도 아동보호인가

11. 샤모니

샤모니는 눈의 제국이다.
눈은 마치 밀가루처럼 부드럽다.
청년들이 3천 미터에서부터 스키를 타고 내려간다.
스키는 그들에게 그냥 생활이다.
우리는 너무 일을 많이 해서
과로사 하지만
이 곳 사람들은
너무 놀아서 '과락사' 한다.
우리는 일하기 위해 놀지만
그들은 놀기 위해 일한다.

12. 산마르코 광장

나폴레옹이 '세상에서 가장 아름다운 응접실'이라고 했다는
산마르코 광장의 플로리안카페에서
카사노바는 만나는 여자마다
다음과 같이 말했다.
'만일 아름다움이 죄라면
당신은 분명 사형감입니다'

13. 세상에서 가장 비싼 화장실

베네치아는 쓰레기 처리를 할 수 없어
모두 육지로 배출 하는데
화장실도 큰 고민거리다.
화장실 사용료로 1.5유로를 냈다.
오줌 한 번 싸고 이천 원,
세상에서 가장 비싼 화장실이다.

14. 서양문화의 시원, 피렌체

피렌체, 르네상스가 시작된 곳.
학문과 예술이 다시 태어난 곳.
무려 천년 이상이나
신 중심의 봉건 제도로
개인을 억압하던 중세에서 벗어나
문화의 절정기 그리스 로마로
돌아가자고 외쳤던 곳.
다빈치, 미켈란젤로, 라파엘로
피렌체는 천재들의 도시
그러면 왜 하필
그 시대 그곳 피렌체에서
수많은 천재들이 출현했을까?
그 답은 바로
예술가들을 전폭적으로 후원한
메디치 가문 때문이다.
그 중에서도
코시모 데 메디치 때문이다.

15. 미켈란젤로

시스티나 성당 천정에 그림을 그리기 위해서는
누워서 작업할 수밖에 없었다.
4년여에 걸친 이런 무리한 자세 때문에
미켈란젤로는 무릎에 물이 고이고
등이 굽었다.
그로부터 22년 후
그는 또 '최후의 심판'을 그렸다.
'최후의 심판'에는
그의 얼굴도 나온다.
산채로 살갗이 벗겨지는 형벌을 당했다는
사도 바르톨롬메오가 들고 있는 피부껍질에
바르톨롬메오 대신
자신의 얼굴을 그려 넣었다.
무슨 의미일까?
경비원들의 '사이렌스'라고 외치는 소리 사이로
장엄한 성가가 흘러나온다.
가만히 앉아 시스티나 성당 천장을
올려다보고 있는데
괜스레 눈물이 나온다.
대체 눈물이 나오는 이유가 뭐지?

종교의 위대한 힘?
미켈란젤로의 위대한 예술?
두고 떠나온 사람?
홀로 여행의 외로움?

16. 피에타

베드로성당 입구 오른쪽 맨 앞
유리창 안에 모신
미켈란젤로의 피에타
그의 작품이란 것을 아무도 안 믿어
나중에 마리아에게 띠를 두르게 하고
띠에 자신의 이름을 새겨 넣었다는 피에타
그런데 사람들이 하도 많아
뒤통수만 보인다.

17. 로마는 하루아침에 이루어지지 않았다.

2500년 전 로마 역사의 무대 포로 로마노
포로 로마노 바로 오른쪽으로

자동차가 흘러간다.
로마는 하루아침에 이루어지지 않았다는 말
그 말 맞다.
로마는 수천 년 이상 걸려 이루어졌다.

18. 트레비 분수

분수를 등지고
등 뒤로 동전을 던지는데,
한번 던지면
로마에 다시 올 수 있고,
두 번 던지면
사랑이 이루어지고,
세 번 던지면
사랑하는 사람과 이별한다는데
어느 커플은 던지라는 동전은 안 던지고
중인환시 리에
입만 맞추고 지랄이다.
부럽기는 하다.

19. 길손

프랑크푸르트 시내
한국음식점 길손.
고은 시인이 왔다갔다는 방명록을
액자로 걸어 놓았다.
'다 길손입니다.'
맞다.
우리 모두는 이 세상에 잠시 왔다 가는 길손이다.
그런데 우리는 마치 이승에서 영영 살 것처럼
모든 걸 손에 그러쥐고 살아간다.

20. 카이저 돔

교회 담에 기대어
거리의 가수가
노래를 하고 있다.
영하의 날씨에
기타 치는 손이 얼마나 시릴까
1유로도 건네지 않고
그냥 왔다.

21. 프랑크푸르트 공항

프랑크푸르트 공항에서
강연호의 시 '월식'을 읽었다.
내가 평생 찾아다닌 그대는
실은 내 그림자 속에 있었다니,
내 울음소리 인 줄 알았는데
실은 그대의 울음소리였다니,
이루어지지 않은,
이루어질 수 없는,
이 세상의 모든 사랑은
이토록 가슴 저리다.

22.

여행은
발 떨릴 때 가지 말고
가슴 떨릴 때 가라.
그리고 여행은 가능하면 멀리가라.
어쨌든
여행을 떠나는 것은

내 뜻이지만,
여행에서 돌아오는 것은
신의 뜻이다.

대마도 시편

1.

비가 내린다. 밖에 나가서 우산을 편다. 그것으로 족하다. 귀찮게 또 비가 오는군, 하고 말해 본들 무슨 소용이 있는가. 야 근사한 비로군, 왜 그렇게 말을 못하는가. 그렇게 말해서 무슨 소용 있느냐고? 그렇게 말하는 게 당신 자신에게 이롭다. 당신의 몸 전체가 따뜻해진다. 그렇게 하면 비 때문에 감기에 걸리지 않는다.
- 알랭

2.

은어가 돌아오는 곳,
아유모도시 자연공원에 도착하니
갑자기 비가 내린다.
아, 나를 맞이하는 비로구나,
내가 올 때까지
산 속에서 기다렸다가
나를 환영하기 위해 내리는 비로구나,
참 근사한 비로구나,
생각하고 나니
정말로 몸과 마음이 따뜻해졌다.

해설

미시·거시담론을 함께 호흡하는 횡단의 일상성

유봉희 문학박사

　　거대담론이 사라져가는 시대, 거대서사는 그저 쓰레기통에 폐기처분 되어야 하는 흘러간 유행가였던가? 너무도 일찍 돌아선 것은 아니었을까? 왜들 우리는 시대의 고통 앞에서 고민하던 거대담론/서사에서 탈출해 속속 자본주의의 '깊은 늪'으로 투항하는 것일까? 거대담론/서사에 대한 포스트모던적 회의, 부정만이 판치는 것일까? 저 1980년대의 함성은 모두 '뉴라이트'들이 말하는 '재인식'으로 처리되고, 진보는 위험한 개념으로 전락되고 말아야 하는 것일까? 해방에 대한 인류의 오랜 꿈은 이제 다시 합창할 수 없는 것인가? 신현수의 시를 읽는 동안 이러한 질문들이 내내 이어졌다. 그의 시는 나에게 끝없는 고문을 해댔다. 한 마디로 준비 없이 깨끗하게 한 방 당한 느낌이다. 완패였다, 지금도 아프다. 그의 시에서 1980년대의 거대담론을 향한 함성을 들을 수 있어서가 아니다. 그의 시는 혁명을 노래하지 않는다. 남루하고 지루한 시인의, 우리들의 일상(日常), 그 속에서 솟구쳐 오르는 희망의 불씨들을 만날 수 있었기에 나는 더욱 아팠던 것이다.

  신현수는 일상의 시인이다. 아, 늘 항상 그러한 일상. 누구도 거부할 수 없는, 그러나 탈출하고 싶은 우리들 매일의 살이, 구체적 삶의 처소. 일상은 시대니 이념이니 하는 거대담론을 소거하기 일쑤다. 신현수 또한 일상을 사는 소시민적 태도로 일관한다. 이러한 태도는 그의 시 도처에서 만날 수가 있다. 네 번째 시집 『군자산의 약속』의 「나는 이 세상이 정말 바뀌기를 원하는 것일까」의 일부를 보자.

  (…)
  나는 고등학교 선생이라
  큰 이변이 없는 한 매 달 월급 꼬박꼬박 나올 테고
  내가 하는 인천연대는 민민운동도 아니고
  요즘 유행하는 소위 시민운동이니
  당장 잡혀갈 염려도,
  당장 학교에서 쫓겨날 염려도 없으면서,
  (…)
  노숙자가 쓰레기통에 옆에서 얼어죽고
  그 시체를 쥐가 뜯어먹을 때까지 사람들이 몰랐었다는 기사를 보고
  아직도 이런 일이 있다니 가슴이 몹시 아프군,
  적당히 분노하면서,
  (…)

이번 시집에서도 소시민의 '왜소함과 찌질함'은 그대로 묻어난다. 과연 이렇게 치부하는 것만이 능사일까? 누구에게나 일상은 지울 수 없는 실존의 현장인 것이다, 누구에게나 일상은 피할 수 없는 치열한 생존의 투쟁의 장인 것이다, 누구에게나 일상은 상처인 것이다. 실존을 위한 투쟁의 상처는 그래서 깊고도 아린 것인지 모른다.

> (…)
> 나이 든다는 것은
> 밥벌이이의 엄정함을 깨닫는 것
> 아이들과 씨름한다는 것은 자아실현이 아니라
> 실은 밥벌이였다는 걸 깨달으니
> 이제 대체로 모든 게 견딜 만하다
> 전날 술을 아무리 많이 먹어도
> 다음날 일찍 벌떡벌떡 일어나야 하는 내가
> 하나도 가엾지 않다
> (…)
>
> - 「밥벌이의 지겹지 않음」 중 일부

누구도 부정할 수 없는 일상의 엄정함이다. 이 시에서만은 신현수는 밥벌이를 위한 교사로 살고 있을 뿐이다. 그러면서도 그 어떤 결기를 느끼게 한다. 앞의 시와 견주어 볼 때, 10여 년의 세월의 간극이 놓여진다. 살아온 날들만큼 세월은 우리를 낡게 만드는 법이지만 지혜를 보태기도 한다. 시 말미에는 '내 삶이 더 이상 의미 없어도 좋다고 생각하는 것, 세상에 져도 좋다고 생각하는 것'이라 자신을 몰아가기까지 한다, 자조한다. 여기에서 그치는 것일까? 그렇다면, 자기 성찰을 통한 일상의 독백으로 그동안 독자들로부터 잔잔한 공감을 얻어온 신현수 시의 미덕은 어디에서 찾아야 하는 것일까? '양주에서 백석으로/백석에서 장흥으로/장흥에서 송추로/칠흑 같은 어둠을 더듬어 넘는 고개를/몇 번쯤 더 와야/아들은 돌아올까?' 걱정하는 오십 중반을 넘어서는 시인에게 일상과 거리두기를 주문하는 것은 난센스다. 오히려 나는 시인에게 일상의 완전한 평정을 주문하리라. '내 삶이 더 이상 의미 없어도 좋다고 생각하는 것, 세상에 져도 좋다고 생각하는 것'이라는 대목은 차라리 일상에 대한 응전의 태도로 읽힌다. 다음부터의 시적 행보가 문제다.

여기서 잠시 4·19 세대인 김광규 시인의 「희미한 옛사랑의 그림자」란 시 일부를 꺼내보자. '그로부터 18년 오랜만에/우리는 모두 무엇인가 되어/혁명이 두려운 기성세대가 되어/넥타이를 매고 다시 모였다/회비 만 원씩 걷고/처자식들의 안부를 나누고/월급이 얼마인가 서로 물었다/치솟는 물가를 걱정하며/즐겁게 세상을 개탄하고/익숙하게 목소리를 낮추어/떠도는 이야기를 주고 받았다/모두가 살기위해 살고 있었다/아무도 이젠 노래를 부르지 않았다/(…)/부끄럽지 않은가/부끄럽지 않은가/바람의 속삭임 귓전으로 흘리며/우리는 짐짓 중년기의 건강을 이야기했고/또 한 발짝 깊숙이 늪으로 발을 옮겼다'. 신현수의 시 한편이 이 시에 겹쳐진다.

(…)

등교하는 아이들을 보며

내가 저 학교의 선생이라면

얼마나 좋을까?

집에서 10분도 안 되는 가까운 거리에 있는

저 학교의 선생이라면

난 얼마나 행복할까?

(…)

다시 돌아온 그 자리

비가 내린다

수학문제를 푸는 열일곱 살 아이들은

달려가는 시계바늘을 연신 들여다보며

한숨을 쉬고 있고

아이들을 감시하는

오십이 넘은 나는

좀처럼 가지 않는 손목시계 바늘만

자꾸 들여다보고 있다.

시 제목도「희미한 옛 세월의 그림자6」이다. 옛 시절 해직교사였던 오십 중반의 시인 자신의 현재 모습을 이렇게 바라보고 있는 것이다. 김광규의 시에서처럼 무언가 쓸쓸하고 애절한 감정이 묻어 나오지 않는가. 이 작은 반성에서 다시 길을 물어야 한다. 이 같은 자기성찰이 없다면 신현수는 정말 '내 삶이 더 이상 의미 없어도 좋다고 생각하는 것, 세상에 져도 좋다고 생각하는 것'을 자기 확신으로 자리매

김하고 마는 것이다. 완전한 일상의 평정이 아니라, 일상의 완전한 복종이 되는 것이다. 1990년대 들어서부터 한국시는 1980년대가 보였던 거대담론 중심의 시, 이른바 민중시·노동시·농민시 등의 경향에서 탈정치화로 내달렸다. 역사현실과 사회에 대한 거시담론에서 개인의 내면과 일상의 경험에 대한 미시담론으로 그 중심을 옮겼던 것이다. 최근에는 그 일상성마저도 파괴한다. 환상·엽기·감각·자기만의 기호 등을 키워드로 난해한 실험을 추구하는 이른바 '미래파'란 일군의 시까지 등장하고 있기까지 하다. 이 같은 문학현실에서 신현수 시에 나타나는 일상성은 과연 무엇을 내비치는 거울인 것인가? '신현수론'은 여기에서 출발할 수밖에 없다. 아직도 용산 참사의 눈물은 마르지 않고 있고, 비정규직 철폐는 더욱 요원하며, 민주주의 시계는 거꾸로 돌아가고 있는, 세상은 아직도 바뀐 것이 없기에, 오히려 반동의 물결이 더욱 거세지고 있는 현실을 목도하고 있기 때문이다. 이것은 한국시가 직면해 있는 문제이기도 한 것이다.

　일상성은 다양한 방식으로 드러나지만 이를 파악하기 위해서는 사회 전체에 대한 인식을 전제해 두어야 한다. 일상은 시대·사회 등에 의해서 자생적 위계질서를 지닌 것으로 문화·제도·이데올로기 등 총체성을 구성하는 것들 속에서 파악될 수밖에 없을 터다. 이 총체성을 인식할 때만이 일상의 시는 더욱 구체적이고 현실에 확고히 자리한다. 신현수는 이러한 총체성에 대한 확고한 인식을 바탕에 두고 시 작업을 하고 있음을 여러 시편에서 확인하게 한다.

　신현수의 시를 읽다보면 '거대한 뿌리'의 시인 김수영의 감수성을 발견할 때가 있다. 김수영의 날카로운 감각은 소시민적인 생활로부터의 중압과 그 중압 밑에서도 시를 쓰고 있다는 자의식 사이의 도덕적 갈등에서 시작한다. 김수영의 시가 일상 속에 갇혔음에도 팽팽한 긴장감을 유지할 수 있었던 것은 이 도덕적 갈등의 진정성에서 찾아야 할 것이다. 김수영 스스로가 시란 '온몸으로 밀고 나가는 것'이라 말했을 때, 그 시는 일상을 소거해 버린 노래를 말하는 것은 아니었을 것이다. 그의 시 「어느 날 고궁을 나오면서」에서 '왜 나는 조그만 일에만 분개하는가/저 王宮 대신에 王宮의 음탕 대신해/五十원짜리 갈비가 기름덩어리만 나왔다고 분개하고/옹졸하게 분개하고 설렁탕집 돼지 같은 주인에게 욕을 하고/옹졸하게 욕을 하고'라는 대목은 자신의 소시민적 태도를 자조하는 것이지만 '왕궁의 음탕'에 대한 분노로 인식의 확장성을 보여주고 있다. 여기서 김수영의 시는 일상의 사회성을 획득하는 것이다.

신현수의 시가 그렇다. 그저 일상의 늪으로 빠져드는 것이 아니다. 일상에 대한 처절한 자기검열과 자기성찰을 동반한다. 혹자는 신현수를 두고 너무 쉽게 시를 쓰는 시인 아닌가, 하는 의문을 던지기도 한다. 이러한 질문 뒤에는 윤동주 시인의 '인생은 살기 어렵다는데/시가 이렇게 쉽게 씌어지는 것은 부끄러운 일이다'라는 질타가 숨어있는 것이기도 하다. 과연 그런 것일까? 신현수의 시는 쉽게 너무도 쉽게 쓴 시일까? 이것은 시의 기법까지도 문제 삼는 것이다. 신현수 시의 특징 중 하나는 발화 양식에서 찾을 수가 있는데, 시적 화자를 직설적으로 '나'로 자주 드러내는 것에 있다. 이 같은 발화 양식은 고도의 수사적인 전략 없이 서술적으로 발화함으로 '응축'이라는 시의 일반적 특성에서 일탈된 것처럼 보이게 한다. '나'라는 화자가 직접 체험한 사실을 그 어느 대상을 설득하기 위해서가 아니라 독백 그 자체에 목적을 둔 것처럼 서술하기 때문에 시어 또한 일상적 언어가 자주 사용되기도 한다. 이렇다 보니 일각에서 신현수 시는 쉽게 쓴 것으로, 쉽게 읽고 마는 것쯤으로 치부해 온 것 또한 사실이다. 몰라도 한참 모르고 하는 소리들이다. 그의 시에는 팽팽한 긴장감과 무서운 강박이 숨어 있다. 「나는 걸었네」 시 일부는 이 같은 긴장과 강박을 숨김없이 토해낸다. '아, 무엇보다 내 시가/이 세상 모든 모순과 고통의 해결을 위해/아무런 힘이 되지 못한다는 열패감에 대해,/2012년 새해 벽두부터 나는 걸었네./내리는 눈 맞으며 나는 걸었네.' 다음의 시는 처절한 자기성찰이자 현 세태에 대한 부정성을 고발하고 있다.

(…)
20여 년이 지난 지금은 아이들의 넋이 춤추는 세상이 되었나
(…)
20여 년이 지난 지금은 사람 사는 환한 통일 세상이 되었나
아아 우리의 전교조는 세웠지만
아아 우리의 전교조는 합법화도 이루었지만
아아 우리의 전교조 깃발 움켜쥐고는 있지만
여기는 극장 안이구나

— 「다시, 참교육의 함성으로」 중 일부

이번 시집은 위의 시처럼 절박함과 초조함이 곳곳에서 고개를 내밀고 있다. 이것은 글 모두에 말한 거시담론이 사라져가는 시절에 대한 안타까움의 발로일 수도 있을 것이다. 또 하나, 서정성. 신현수 시에는 놀라울 만치 서정이 넘치는 시가 많다는 사실에 주목할 필요가 있다.

요즈음 나는 매일 줄을 타요
매 맞아 배운 어린 곡예사처럼
너무 밝아 슬픈 달처럼
누구에게랄 것도 없이 화나 있는 바람처럼
시든 밤의 칸나처럼
살아간다는 것 눈물겨워
안쓰럽게 줄을 타요
내 가슴 칼로 저미며 바로 세우고
대롱대롱 매달리다 다시 기어오르고

그 아무와도 함께하지 않기 위하여
그 누구에게도 가지 않기 위하여
줄 위에 서성이는 시간을 애써 연장하기 위하여
나는 늘 낯선 곳으로
떠나기를 원하지만
그 곳에서조차 아무와도 따로 하지 못하고
그 곳에서도 그 누구 나를 떠나지 않으니
떠나는 발걸음은 줄 위에서 반쯤 떨어져 버린 발걸음

돌아오는 발걸음은 줄 위에서 끝내 떨어져 버려
낙엽처럼 내 몸 나뒹구는 발걸음

불 켜져 환한 땅
그 절망과 그리움

나는 매일 안쓰럽게 외줄을 타요

- 「서산 가는 길」 전문

지난 1989년 해직시절 발간한 첫 시집에 있는 시편이다. 일상의 언어를 걷어버리고 내밀한 시인의 언어로 길어 올린 한 편의 서정시. 슬프고 아름답다. 이번 시집에서도 이러한 서정은 곳곳에 숨어 있다.

새벽 비 내리는 오거리의
이별을 견디는
뺨을 스치는
바뀌는 계절의 바람을 견디는
한꺼번에 후드득
가슴 위로 떨어지는
은행잎을 견디는
끝내 꿈일 수밖에 없는
꿈을 꾸는
도저히 참을 수 없는

슬픔을 참는

숨도 쉴 수 없는 가슴을

지그시 누르는

시도 때도 없이 나오는 한숨을

틀어막는

결코 가닿을 수 없는

하늘을 향해 나아가는

아무리 멀어도 가는

희망 하나 없어도 가는

견뎌야할 이유가

만 가지도 넘는

사랑

- 「사랑은 얼마나 견디는가」 전문

   이 시에서도 일상의 언어는 보이질 않는다. 이러한 서정을 바탕에 두고 있음에도 신현수의 시는 시적이란 관념을 스스로 내려놓는다. 리얼리즘으로의 귀환을 끝없이 갈구하는 데서 나온 선택지라 할 수가 있을 터, 아니 신현수의 시는 처음부터 지금까지 늘 리얼리즘이었다. 그의 시에는 팽팽한 긴장감과 무서운 강박이 숨어 있다고 앞서 언급했는데, 이것은 어디에서 연유한 것일까? 시 도처에서 많은 사람을 만나고 '밥벌이' 아닌 일로 길 위에 서 있는 시인을 만나게 된다.「인천에 살기 위하여」라는 시를 따라 그의 발길을 추적해보자. 중구 동구 투어를 하는데, 동인천역에서 제물포역으로 제물포역에서 도원역으로 다시 송도역으로 여기서 신포동으로, 여기서 종복 아우를 보고 싶은데, 갑자기 시골 부평에서 도시 인천까지 오가던 추억과 튀김과 우무와 맵던 쫄면이 생각나고, 신포시장 칼국수집 지나 차이나타운 짜장면 박물관엘 들르고 옛 인천 감리서를 찾아 다시 답동성당에 오르고, 내가 지쳐 다 언급할 수가 없고, 시 말미에 '비도 오는데 너무 한꺼번에 많은 곳을 다녔지만/알아야 사랑하는 거지,/계속, 인천에 살기 위해서'란다. 자기가 발 딛고 서 있는 곳을 재확인한다는 것은 자기 정체성에 대한 확인이고, 이것은 이웃과 소통하려는 시인의 강박과도 같은 노력이다. 신현수 시의 일상성은 여기서 발원하는 것이다. 그의 시가 독자에게 열려있다는 것은 이를 반증하고 있다.

  신현수의 일상은 세상을 향해 가는 하나의 열린 창이다. 그것이 시로 발화하는 것이다. 앞서 김수영의 시가 객관성을 획득할 수 있었던 배경에는 자기 일상에 대한 철저한 점검과 성찰이 있었기에 가능했다 했는데, 신현수의 시적 자세가 꼭 그렇다. 일상의 엄정함에 대한 깨끗한 인정, 여기서 자기 성찰을 통한 반성이 있는 것이고 이것은 다시 자기 회로에 갇히지 않은 채 세상을 향해 달려간다. '인천에 살기 위하여', '함께 하는 우리들의 삶을 위하여'. 신현수 시에 발화자로 등장하는 '나'는 파편화 된 '나'이면서 동시에 동시대를 함께 호흡하는 '우리'를 포괄하고 있다. 그러기에 다음의 시들이 가능했던 것이다.

(…)
그는 진보당 창당대회에서
'인간의 존엄성을 무시하는 일을 없애고,
모든 사람의 자유가 완전히 보장되고,
모든 사람이 착취당하는 것이 없이,
응분의 노력과 사회적 보장에 의해서,
다 같이 평화롭고 행복스럽게 잘 살 수 있는 세상'이
자신이 바라는 세상이라고 말했네.
(…)
그는 옥중 유언에서
'우리가 못한 일을
우리가 알지 못하는 후배들이
해나갈 것이네.
결국 어느 땐가 평화통일의 날이 올 것이고,
국민이 골고루 잘 사는 날이 올 것이네.
나는 씨만 뿌리고 가네.'라고 말했네.
죽산이 뿌린 복지와 평화의 씨앗을
인천에서 싹 틔이고 꽃을 피워야 하네.
죽산의 꿈을 인천의 꿈으로 받아야 하네.
인천에서 현실로 만들어나가야 하네.

-「조봉암전」 중 일부

이승만 정권에 의해 형장의 이슬로 사라져간 인천 강화 출신의 죽산(竹山) 조봉암(曺奉岩, 1899-1959)을 통해 '시민의 대합창'을 꿈꾸는 것이다. 이상에서 신현수 시가 보여

주고 있는 미시·거시담론을 함께 호명하는 횡단의 일상성을 다시 한 번 확인해 보았다. 이번 시집 표제가 『인천에 살기 위하여』다. 인천의 대합창을 꿈꾸는자, 신현수 시의 길에 동참하자. 그 길에 나 또한 동참하기를 희망해 본다.

후기

계속, 인천에 살기 위하여

 85년에 문단에 나온 후 89년에 첫 시집 '서산가는 길'을 펴냈다. 첫 시집을 내면서 5년마다 시집을 내자고 스스로 다짐했다. 그렇게 정해 놓으면 게으르지 않을 것 같아서였다. 그 후로 이번까지 여섯 번, 나 자신에게 한 약속을 지켰다. 그런데 사실은 그동안 시집을 낼 때마다 한 번도 망설이지 않은 적이 없었다. 이번에는 선거 등 번잡한 세상사 때문에 특히 더 그랬다. 왜 시를 쓰지? 왜 꼬박꼬박 5년마다 시집을 내지? 왜 출연료도 못 주면서 음악 하는 후배들 괴롭히며 출판기념 공연을 하지? 나는 게으르지 않다고, 다양한 쪽에 아는 후배들도 많다고 자랑하려고 하는 건가? 나도 아직 답을 모르겠다.
 여섯 번째 시집을 내면서 약간의 소감이 없을 수 없다. 머리말을 써주신 새얼문화재단 지용택 이사장님께 깊이 머리 숙여 감사드린다. 지금까지 살아왔고, 앞으로도 계속 살아갈 인천이라면, 인천의 정체성을 찾아보고 인천을 좋은 사람들이 살아가는 좋은 도시로 만들어보자고 사단법인 인천사람과문화를 시작했는데, 이미 30여 년 전에 지이사장님이 그 일을 시작해서 저만치 앞서 가고 계셨다는 걸 알았다. 발문을 써준 유봉희 아우에게도 고마운 마음을 전한다. 내가 지난 89년 전교조 문제로 대천고에서 해직된 후 인천으로 올라와 전교조인천지부에서 활동을 시작했을 때, 라이프신문 기자로 일하던 유봉희 박사는 인천에서 나를 처음으로 시인으로 대접해 주고 한 면을 털어 내 시를 조명해준 고마운 아우다. 십여 년 전 술을 마시다가 '형 시집에 발문을 쓰겠다'고 해서 그러라고 한 적이 있었는데, 이번에 그 약속을 지킬 수 있게 되어서 기쁘다. 어려운 형편에도 시집을 내준 다이아트출판사 윤미경 대표도 고맙고, 시집을 예쁘게 만들어준 장윤미 디자인실장도 고맙다. 이십여 년의 인고 끝에 이제 다인아트는 명실상부 인천을 대표하는 출판사로 우뚝 섰다. 사진을 찍어준 볼레옹사진공방의 김보룡 아우도 고맙고, 표지글씨를 써준 캘리그래퍼이자 도서출판 훈민정필 대표인 송병훈 외우에게도 고마운 마음을 전한다. 심갑섭 인천문화재단 전 대표님과 다카스리더십 최원영 형님께도 감사의 말씀을 드린다. 두 분은 내 삶에서 거의 마지막 활동이랄 수 있는 사단법인 인천사람과문화를 만드는데 많은 영감을 주신 분들이다. 출판기념 공연을 빛내 준 '꽃다지' 출신 서기상과 김용진, '우리나라' 출신의 백자, 노찾사 출신으로 내 시「나는 좌파가 아니다」를 멋진 노래로 만들어 준 문진오 선생,「사랑 2」를 노래로 만들어준 가수 권순우 아우도 고맙다. 시낭송을 해준 시인 정세훈 형님과 문계봉 아우, 대천여고 예쁜 제자 이은영 선생도 고맙다. 사회를 봐준 아우들, 박찬대회계사와 이도경

명품스피치대표도 고맙고, 시를 멋진 무용으로 승화시켜준 최성어 무용가도 고맙다. 출판기념 공연 때마다 번번이 연출을 맡아 준 작곡가 최경숙과 음향 조명의 강무성, 영상의 장재구, 무대의 유승완도 고맙다. 시도 때도 없는 나의 '카톡질'에도 아무 불평불만 없이 맡은 일을 묵묵히 해내고 있는 사단법인 인천사람과문화의 사무국장 이상훈, 사무차장 노현범에게도 고마운 마음을 전한다. 시민단체 상근자 일이 생계도 되고, 지조도 지키며, 자아실현도 하는 일자리가 되었으면 하는 데 만만치가 않다. 내가 담임하고 있는 부광고 1학년 1반 제자들, 나와 함께 책읽기와 글쓰기를 공부한 신선생독서논술교실 제자들, 부광고 인천사람과문화 동아리 제자들에게도 고마운 마음을 전한다. 평생을 포기하지 않고 더불어 함께 살기 좋은 세상을 만들기 위해 불철주야 노력하고 있는 이미혜 회장을 비롯한 인천의 후배들, 문화 불모지 인천에서 문화의 꽃을 피우기 위해 고군분투하고 있는 문화예술계의 후배들, 나를 물심 양면으로 도와주고 있는 인천사람과문화의 운영이사분들에게도 고마운 마음을 전한다. 그동안 내가 가르친 많은 제자들도 고맙다.

마지막으로 가족 얘기를 해야겠다. 지난 해 우리 가족에게 시련이 닥쳐왔다. 시련이 다가오니 나의 평생에 걸친 잘난 척이 모두 가족들 덕분이었다는 걸 새삼 깨닫는다. 어머니 박예희 여사, 아내 임미자와 큰아들 한희, 작은 아들 율희, 큰누님 신순자, 작은누님 신임수, 큰매형 김종근, 작은매형 최규재, 아우 신광수, 제수씨 김희수와 조카들과 조카사위들에게도 이 자리를 빌려 고마운 마음을 전한다. 하찮은 시집에 이렇게 가족들을 일일이 호명하는 게 그들에게 무슨 위로가 되랴만, 그동안 무척 고마웠던 내 마음을 이렇게라도 표현해 보는 것이다.

2014년 2월 4일
부광고등학교 1학년 교무실에서
신현수 씀

신현수 시집
인천에 살기 위하여

초판 1쇄 발행_ 2014. 2. 18

지은이_ 신현수
발행인_ 윤미경
발행처_ 도서출판 다인아트
    주소_ 인천광역시 남동구 구월3동 1096-19 3F
    전화_ 032.431.0268 | 전송_ 032.431.0269
    홈페이지_ http://dainarts.com | e-mail_dainart@korea.com
디자인_ 장윤미
인쇄_ CNC 미디어 | **제본**_ 과성제책

ISBN 978-89-6750-022-1

값 10,000원

※ 잘못된 책은 바꾸어 드립니다.
※ 이 책의 저작권은 도서출판 다인아트에 있으므로 내용 중 일부 또는 전체를
   복사하거나 전재하는 등의 저작권 침해를 금합니다.